丛书编委会

总　策　划：来新国　王文成

编委会主任：郭齐勇　周晓亮

编　　　委：来新国　陈知涯　张　彧　尹格韬　沈　众

王文成　孟淑贤　周长志　罗养毅　秦　丹

乌　琛

大家精要

李颙

张波 著

陕西师范大学出版总社

图书代号 SK16N1033

图书在版编目（CIP）数据

李颙 / 张波著. —西安：陕西师范大学出版总社
有限公司，2017.1（2024.1重印）

（大家精要）

ISBN 978-7-5613-8734-4

Ⅰ.①李… Ⅱ.①张… Ⅲ.①李颙（1627—1705）—
传记 Ⅳ.①B249.9

中国版本图书馆CIP数据核字（2016）第272667号

李　颙　LI YONG

张　波　著

责任编辑	郑若萍　彭　燕
责任校对	舒　敏
特约编辑	宋亚杰
封面设计	张潇伊
出版发行	陕西师范大学出版总社 （西安市长安南路199号　邮编710062）
网　　址	http://www.snupg.com
印　　制	永清县晔盛亚胶印有限公司
开　　本	650 mm×930 mm　1/16
印　　张	10
字　　数	100千
版　　次	2017年1月第1版
印　　次	2024年1月第2次印刷
书　　号	ISBN 978-7-5613-8734-4
定　　价	45.00元

目　录

第 1 章　艰难涉世 / 001

　　一、幼年丧父　母子相依 / 001

　　二、大志希贤　博览群书 / 006

第 2 章　熙代学宗 / 015

　　一、通变不迁　阐发新说 / 015

　　二、交友论学　声名远播 / 022

第 3 章　东行论学 / 032

　　一、丧母别友　群小中伤 / 032

　　二、群贤拥迎　新宰相难 / 036

第 4 章　南行招魂 / 050

　　一、襄城招魂　泪尽血继 / 050

　　二、会友别行　倡道江南 / 054

第5章 弘道"关中" / 069

一、身居奸薮 矢志不渝 069

二、执教书院 力辞征荐 075

第6章 隐逸遂志 / 086

一、移家富平 再辞征荐 086

二、西返蓥屋 隐逸讲学 099

第7章 思想主旨 / 124

一、思想渊源 / 124

二、人生本原 / 130

三、悔过自新 / 132

四、明体适用 / 139

五、历史影响 / 144

附录

年谱 / 150

主要著作 / 153

参考书目 / 153

第 1 章

艰难涉世

一、幼年丧父　母子相依

李颙，字中孚，陕西盩厔（今作"周至"）人，出生于明熹宗天启七年（1627）正月二十五日。据《重修盩厔县志》载，在李颙出生时其母彭氏梦到天空中响起了数声震雷，或许这种异兆也预示着李颙未来不平凡的人生。

关于李颙的出生地与名字尚存在一些异说，我们可以根据史料略加梳理。《元和郡县图志》称："山曲曰盩，水曲曰厔。"盩厔因其境内存在诸多山川河流，而且各具萦回的特点而得名。"二曲"乃为盩厔地名的代称，这也是李颙在著述中自署"二曲中孚子""二曲野夫"等，及学者称李颙为"二曲先生"的由来；据此也可知，《清史稿》云李颙"又字二曲"，实属讹误。此外，在《关中人文传》《鲒埼亭集》《国朝学案小识》等诸多清代典籍中，乃至在某些李颙著述的刊刻本中，李颙的名字又屡屡被易为"李容"，这则因避讳清仁宗颙琰之讳所致。

关于李颙的家世，现存周至的李氏族谱仅上溯到李颙的父亲李可从。但是，近年有学者推测其远祖为元朝开国功臣蒙古八邻部的述律哥图。述律哥图后传三代至伯颜。伯颜为忽必烈时著名的贤相，殁后被追封为淮安王。伯颜后传三代至李诚，始改汉姓。李诚曾任明朝陕西路都指挥使，居家于盩厔，衍脉至今。到李颙的父亲李可从时，家道已经衰败，但是其先人曾经有过的辉煌功业仍然不断地激励着李氏后人自强不息，建功立业。在光绪末年，临洮李氏祖墓前的石柱上有一楹联"勋著大元此间犹有淮安气，集垂二曲家法仍传周至风"，即将李氏家族中声名最为显赫的伯颜与李颙二人入对，期以怀宗追远，激励后世子孙。

李颙的父亲李可从，字信吾，生于万历二十七年（1599）。他为人慷慨，喜论兵事，并且以勇力闻名于乡里，人称为"李壮士"。或许是受李氏先人的影响，李可从自幼胸怀大志，具有豪杰侠气，常自叹其才不为世人所知，愿为知己者死。崇祯十四年（1641），李自成农民军入河南，连续攻陷了叶县、南阳、洧川、许州、长葛、鄢陵等地，进逼开封。是时，陕西都御史汪乔年奉命督师南讨农民军。汪乔年部监纪西安同知孙兆禄，曾在盩厔做过县令，"素善壮士，欲挟之以行"，便招募李可从从军，署其为材官。汪乔年见到李可从甚为惊奇，甚至许诺"若立军功题授若军职"。李可从深感知遇之恩，义赴这场讨剿农民军的征途。李可从的妻子彭氏深明大义，善解人意。

临行前，夫妻二人有过一段感人至深的对话。彭氏压抑住内心悲离忧伤之情，说："吾向虑君无由为人出死力，建奇功，立名当代，不意其有今日，急行毋以妻子恋。"而李可从则感慨回答："我此行，誓不歼贼不归。"又说："战，危事，如不捷，吾当委骨沙场，子其善教儿矣！"在临别之时，彭氏并不是像普通人那样忧离伤感，而是刻意去打消丈夫的后顾之忧，勉励丈夫去建功立业，扬名当代。何况此时机会已经来临，更应该全心去追求，而不应停留于个人的小家庭，自己也完全可以抚养好子女。听到妻子这番话，具有豪侠气的李可从毅然发誓，此行不克敌不会归来。显然，这也意味着，如果讨剿失败，自己必将是血染沙场，杀身成仁，只有关照妻子育子成人。李可从更是抉下一枚牙齿交与妻子说："倘相忆，顾此如见汝夫。"李可从临别抉齿，告诉妻子看到牙齿就如见到自己一般。话毕，则纵马离去。

讨剿军还未出发，牵挂儿子的李可从又担心李颙为仇人所陷害，便拜托他人寄信与其兄和李颙的舅舅，嘱托他们加以照顾。次年正月，讨剿军行至潼关，李可从再次寄书托付李颙。然而，不久李可从又听说李颙被官府扣押，伤心万状，又立刻寄书与其兄和李颙的舅舅，并让李颙堂兄李居和舅仆彭守己赶至潼关，"欲面有所嘱，朝夕西盼，望之眼传"。但当李居、彭守己到达潼关时，李可从已跟随队伍出关了。可见，爱子情深的李可从，在担心不安中踏上了征途。二月十一日，汪乔年督军于襄城，被农民军团团包围。时逢严冬，雪雨交集，而此时的农民军又是昼夜攻城，李可从深感襄城即将沦陷，与同僚泣语："出吾门抉齿，誓不与贼共戴！败则遁，毋宁汪公羞乎！"又"深以颙幼弱无依为痛"。李可从告诉同僚，自己在离家时曾抉齿与妻子，发誓不与贼共存！在失败之际，也就是自己杀身成仁之时，决不让统帅汪乔年为之蒙羞；而自己唯一牵挂痛心的是年幼的儿子无所依靠。果然，到了十七日，襄城被攻陷。此次战役，甚为悲壮！汪乔年被俘，大骂敌军不止，拒不屈服，以致在被割掉舌头后，遭受礫裂致死。李可从则是奋力杀敌，血战巷口，以致体无完肤，但是仍在大呼："杀贼！杀贼！"当他发现随军的监纪西安同知孙兆禄身陷敌阵时，又奋不顾身跃马奋戈前去相救。然而因寡不敌众，最后与孙兆禄一起壮烈牺牲。李可从阵亡的消息传至鳌屋，李颙母子相拥痛哭，悲恸欲绝。彭氏一度打算为夫殉节，幸而得到家人的日夜守视。家人劝阻说："母殉公夫，以儿如此必殉母；母自处得矣，儿且殉，李氏绝也。"至此，彭氏才打消了殉节的念头。是年，李颙十六岁。

或许因为李可从生前不善于经营，家境相当困窘，常处于饥寒交迫之中。在李可从殁后情况更为可悲：李颙家已连寸土的产业都没有了，只能租赁他人的小屋居住。然而，不久后因为无法缴纳房租而遭到驱逐，全家人只好东移西徙，流离失所半年有余，后来才在邑西新庄堡的一间茅草屋中定居下来，但是窘困依然如初，甚至为了换些食物，李颙不得不将家中唯一的一张桌子拿出去卖掉。面对如此穷困的家境，母子二人常常是"茕茕在疚，形影相吊"。在这种相依为命的日子里，母亲彭氏成为少年李颙生命中唯一的精神支柱和牵挂。

事实上，在中国古代历史上有很多杰出的母亲，但是能够流芳于世的却寥寥可数，其中最著名的莫过于战国时期孟子的母亲与南宋时岳飞的母亲。孟母"三迁择邻""断机教子"，将孟子培养成为仅次于孔子的儒家"亚圣"；岳母则以刺字诫子立志报国，将岳飞培养成著名的民族英雄。在历史上，虽然李颙的母亲没有孟母、岳母那样脍炙人口，常被人津津乐道；但是李母彭氏不仅具有孟母的贤德，善于教子；也具有岳母的民族气节，识得大体。当时有好心的乡邻可怜李氏母子生计艰难，常常是灶无生烟，朝不保夕，便劝李颙效仿其他人到县庭里充当门役，做些杂活，补充生计，这样也可以使其母亲免受饥寒的折磨，但是遭到李颙的拒绝。李颙认为："人子之事亲必以道，不以其道，虽万钟罪也。况给事县庭，何事不辱母乎？吾以辱母，吾不为也，吾母亦不令我为也。"在李颙看来，儿子侍奉父母应当坚持正道，如果不坚持正道，即使获得优厚的俸禄，也是不可取的。何况让他供事于县衙，做下等的役吏，这将使他的母亲感到羞辱？他绝不会为了一两顿饭菜，做出让母亲感到羞辱的事，母亲也不会让他这样做。果然，当彭氏听说此事后，不同意李颙去县衙做事。在李母看来，李颙的父亲死于王事，是慷慨就国难，死得其所，是英烈之举。而李颙也应当效仿其父立身行道，光大先人的英烈气节，而不能因暂时的贫穷饥寒去做下等杂役之事。乡人又劝导李母改嫁，这样可以保全母子的性命。李母流泪谢绝，毅然持志守节，坚持靠着日夜艰苦纺织、为他人缝纫等，换些粮食来维持生计。在李母看来，真正能够光显荣耀的并不是外在丰厚的物质财富，而是能守持大节，这才是流芳万世的荣显。因此，李母常常勉励李颙读书明理，师法古人，要有大的理想，不必以习制举业谋取一时的富贵功名；并通过自己辛勤的劳动，来为儿子的读书提供力所能及的条件。因此，有人评论说："二曲先生之贤也，由其有贤母而乃以有成也。"事实上，李母因其贤德，在其生前即有官员以"芳追孟母"赞誉之，殁后也被赐书"贤母彭氏"以表其墓，甚至陕西总督鄂善捐俸特为她建了"贤母祠"。

李母的志操言行深刻影响了李颙的成长，所以李颙晚年回忆其少年经历时，说："迨颙成童，乡人悯其窭（jù），甚或劝之给事县庭，或导之佣力于人，谓可以活母命，免沟壑。先慈咸拒谢弗从，朝夕惟督以诵书、修己砺行为务。颙所以不至失身他途，堕落于小人禽兽之归，皆颙母之贤，有以成之也。"在母亲言传身教下，李颙一生矢志读书明理，效法古人，终成为一代大儒；同时，坚持操守气节，淡泊名利，威武不屈，贫贱不移，时人又称其为"隐君"。

俗话说"寒门出孝子"。在长期的清贫生活中，李颙一生笃行孝道，爱敬母亲。据记载，一次李母身患痢疾，李颙遍延医生诊视，每夜祈祷期望代母受过；并且跪接粪便，以粪便的轻重来判断母亲的病情：轻则喜跃进食，重则伤心哭泣。因此，时人又称李颙为"李孝子"。

二、大志希贤　博览群书

古往今来，大凡取得伟大成就的人，多是在青少年时期就立下了远大的志向。志向如同黑夜中辉煌灿烂的灯塔，指引着大海中航船的方向。在李母的教导之下，李颙自幼就有了强烈的读书愿望，并在读书的过程中逐渐形成了远大的志向。然而，在李颙的青少年时期，志气和贫困又常如一对患难兄弟，紧密相伴。李颙的立志成学之路是异常艰辛的。

由于家境贫困，李颙在九岁时才入小学，跟随塾师学习《三字经》，但是聪明好学的李颙天生具有探问究竟的思想家气质。在接触到《三字经》首句"人之初，性本善。性相近，习相远"时，他便私下请教学长："既然人性天然是善的，为何又说'相近'呢？"李颙的这一疑问，不仅涉及中国古代思想家常常探讨论辩的重要的理论问题，也揭露出南宋王应麟（1223~1296，字伯厚，号深宁居士）在撰写《三字经》时所使用的文字欠缺周密性。事实上，在儒家学者中也不乏少年时就具有探问究竟的典例，如南宋的陆九渊（1139~1193，字子静，号象山，世称象山先生）"三四岁时思天地何所穷际？"明代的王守仁（1472~1529，字伯安，自号阳明子，世称阳明先生）十一岁时便问塾师"何谓第一等事？"从探问究竟的品性看，李颙与陆、王是何其相似！或许这也预示着李颙未来将和陆、王一样成为一代鸿儒。显然，李颙的疑问并不是一般的少年学子能够理解解答的，其学长当然也无以应对。然而，或许因为家贫无法获得足够的营养，李颙自幼身体羸弱，疾病不断，仅在小学学习了二十天左右便不得不因病辍学。其后，虽然李颙又跟随其舅父学习《大学》《中庸》，但是旧病仍不时发作，李颙的学习也是时断时续。就是在这时断时续的学习过程中，李颙不仅掌握了初步的学习技巧，打下了自学的基础；而且通过对《三字经》《大学》《中庸》等典籍的初步理解，其精神素质得到极大的涵养，并且在平日生活中展现出一种超乎常人的志节操守、风度仪表和才气识见。

崇祯十六年（1643），流离失所的李颙母子刚刚定居于新庄堡的茅草屋，驻防在当地的军队突然发生了兵变，杀掠事件不时发生。一天，李颙外出拾柴，遭遇到乱兵，便被俘获，"刃将及颈"，但是此时有"同伍异其气概，亟格刃获免"。两年后（清顺治二年，1645），又发生了类似的事件。当时有贺某率领农民军围攻李颙所居住的新庄堡，新庄堡即将沦陷，"堡人震怖悲号"，而此时的李颙却镇定自若，神情如常。在以上事件中，李颙是何等的气概不群！若没有超乎常人的志节操守与才识风度，一个尚未弱冠的羸弱少年绝难做到身处乱兵流寇之中泰然处之，从容不迫。这也令目睹后一件事的鄜州左之宜惊奇不已，敛衽起敬，并赞誉说："吾生平足迹半天下，未尝见此子！丰标既伟，才识又卓，真世间之杰也！"左氏以"世间之杰"赞誉李颙，实恰如其分！在生死之际能镇定自若，这也是其人格中所蕴含的浩然正气所致，当然也是常人望尘莫及的。左氏见李颙家境贫困，"又赠之以金"，而李颙却谢而拒绝。这更令左氏大为惊叹，逢邑人便相告："汝邑有'生知'之人，不经师匠，自奋自成，汝知之乎？"而听到的人却愕然不知左氏所道是谁。

上述两件事情主要是展现李颙的风度与操守。少年李颙为何具有上述不凡的风度与操守呢？这或许是其父母的影响所致。李颙的父亲有"壮士"之称，具有顶天立地的"豪杰气概"；而其母亲注重气节操守，矢志不渝，是位贞烈女子。李颙耳濡目染，不学则能。但是当我们考索史料时，可以发现李颙的风度与操守也是他卓尔不群的鸿鹄之志的展现。少年李颙在读书明理的过程中，逐渐形成了"大志希贤"的志向与抱负。据李颙弟子惠霶（音"隆"，雷声）嗣所撰的《历年纪略》记载，在顺治二年，樊嶷到盩厔任县令。樊嶷字疑山，山西平阳贡生，曾经跟随明末著名学者辛复元学习，倾心儒学。在盩厔主政期间，樊嶷礼贤下士，慈良爱民，有古代循吏的风范，但后来遭受他人谤谗而离任。樊嶷到任一年后，便听说李颙好学，即想与之交游，便遣小吏前去延请。面对樊嶷的延请，李颙却以"庶人无入公门之理"为由加以辞绝。樊嶷当即辞退马车，延请李颙至家中。是时天气亢旱酷热，而李颙却身无别衣，穿着褴褛絮袄、毡袜破履，但是李颙眉宇之间所呈露出的轩昂气质，及其潇洒的襟怀、离尘拔俗的君子言行，让樊崶惊奇不已。二人相与论学，樊崶不觉从内心油然折服。在互相辞别之后，樊崶即赠送李颙一块"大志希贤"的匾额加以表彰，并兴奋地作诗说："漫道高贤不易逢，而今此地有潜龙。英年独步颜曾武，定识遥承孔孟宗。浊世狂澜堪砥柱，俗儒圭角已陶镕。千秋声气应还在，濂洛关闽岂绝踪。"后来樊崶在离任之前，又致信李颙说："昨晤吾子，知吾子必为大儒无疑也。幸陈人有缘，得一见之；怅陈人无缘，将不得常常而见之。虽然声气自在，一日亦千古也，喜甚，快甚！担当世道，主持名教，非吾子其谁耶？区区行且拭目以望矣！"樊崶对李颙的赞誉乃是一位儒家学者内心真诚的感发，并非是过高之评。樊崶当是李颙遇到的第一位知音，二人也自此订交。后来，李颙撰成第一篇充分展现其思想的重要文章——《悔过自新说》后，便延请樊崶为之作序。

事实上，"大志希贤"也是青年李颙，乃至是其一生守持的儒家志向与信念；也是以这种信念为支撑，李颙的萧然风度、"豪杰"气概更能彰然于世。樊崶以"大志希贤""必为大儒""担当世道，主持名教"等言论赞誉李颙，不仅是基于李颙长期以来刻苦求学、博览群书的实际情况的感发，也是一种远见卓识——日后时人将李颙与孙奇逢（1584～1675，字启泰，号钟元，世称夏峰先生）、黄宗羲（1610～1695，字太冲，号梨洲，世称南雷先生或梨洲先生）并称为清初"三大儒"。与同时期的孙奇逢、黄宗羲相较，李颙的成学经历俨然没有二人的家学或师学传统，主要是靠自学成才，显然其中的艰辛要远远超逾二人。尤其是在父亲去世后，李颙的家庭更为窘困，但是李颙读书之志却愈加坚定。一次，有算卦人见李颙可怜而想传授其卦术以帮助其谋取生计，但是当李颙途经社学听到其间传出的琅琅读书声时，心中便黯然有所感，立刻打消了学算卦的念头，返回家中矢志读书。然而，毕竟困窘的家境无力支付学费，甚至连舅父的私塾也不愿意接收他。正当李颙"退而自伤"、徘徊犹豫之时，李母便鼓励他说："无师遂可以不学耶？古人皆汝师。"母亲的话使李颙豁然醒悟，古圣前贤不就是最好的老师吗？于是李颙奋然自学，并按照古代私塾常采用的教学进程——"为学者，必有初，小学终，至四书"，取出过去所读的《大学》《中庸》，依稀辨认，深入理解与体悟。进而，李颙又去自学《论语》《孟子》，遇到疑问便逢人问字正句。为了支持儿子读书，李母则"为人纺棉，得米则杂以糠秕野蔬，并日而食"；而李颙也在"拾薪采蔬之暇，手不释卷，书理不解，则愤悱终日"。后来又有亲友送给了李颙一本《篇海》。《篇海》是古代著名的字典，收录了大量的字，对李颙的识字起到了很大的帮助。李颙在读书的过程中可以随读随查，于是李颙识字逐渐多广，书理也随之逐渐通畅，又经过自己的"熟读精思，意义日融，然后递及于经"。李颙的刻苦自学，令乡人甚为诧异：家庭已贫寒如此，连维持生计都不容易，却能读书明理，锲而不舍。因此，不久李颙便得到乡人"奇童"的赞誉。

随着坚持不懈地读书，在李颙十九岁时已经读完了《周易》。这一年（顺治二年），李颙又偶然得到周钟所撰的《制义》。周钟是明崇祯时期的进士，当李自成攻陷北京时，周钟因上《劝进表》获得检讨的官职。明永乐以来，在科举考试中将八股文作为唯一文体，每篇文章都要由破题、承题、起讲、入手、起股、中股、后股、束股八部分组成，文章的语言要讲究声偶、对仗。这种格式上的排偶叫"制义"。《周钟制义》乃是以八股文写作的文章，在明末影响甚大。李颙见其中阐发义理透畅明晰，尤其是言及忠孝节义时，慷慨悲壮，便尤为喜爱，流连玩摹。李颙每模拟《制义》撰写成一篇文章，均令人惊叹不已。然而，周钟在《制义》中大谈忠孝节义，自己却背节弃义。后来李颙听说周钟不能持守志节之事时，十分气愤，愤怒地将过去的模仿之作付之一炬，"以为文人之不足信、文名之不足重如此，自是绝口不道文艺"。是时，又有县学左君勉励李颙去应试，考取功名，李颙则笑而不答。在李颙看来，"昔人谓大丈夫一号为文人，便无足观。若以诗文而博名谋利，仆仆于公府，尤不足观矣"。《制义》等时文、文艺都不能真正关乎经世致用，培养出的多是功名利禄之徒，是"俗学"。

李颙的这些看法和日后成为好朋友的顾炎武（1613～1682，初名绛，更名炎武，字宁人，世称亭林先生）不谋而合。顾炎武说："《制义》初行，一时士人尽弃宋元以来所传之实学，上下相蒙以饕禄利而莫之问也。"又说："八股之害等于焚坑，而败坏人才，有甚于咸阳之郊所坑者。"秦始皇焚书坑儒也不过活埋了四百余人，而明王朝以科举取士录用的禄利之徒又何止四百啊！行蝇营狗苟之举，不务经济之学，误国误民者更不乏其人！也是在这一年，李颙在摆脱《制义》的束缚之后不久，便开始借读《春秋》三传、《性理大全》《伊洛渊源录》等书。在研读过程中，李颙从内心深处体会到宋代理学家周敦颐（1017～1073，字茂叔，原名敦实，后改名敦颐，世称濂溪先生）、程颢（1032～1085，字伯淳，世称明道先生）、程颐（1033～1107，字正叔，世称伊川先生）、张载（1020～1077 或 1078，字子厚，世称横渠先生）、朱熹（1130～

1200，字元晦，后改仲晦，号晦庵，别号紫阳）等人的言行与自己身心相契合，这才是自己学习与求道的方向，并掩卷感叹："此吾儒正宗，学而不如此，非夫也！"至此，李颙明确认识到自己心目中的"正学"所在，将儒家希圣成贤的理想作为自己读书自修的目的，其志向愈加弥坚。然而，家境的贫寒常常让刻苦读书的李颙枵腹忍冻，脸色如菜，因此也被乡人戏称为"李菜"。

在认识到"正学"之后，李颙如饥似渴地广泛涉猎各种儒家典籍，尤其是宋明理学家的论著。在顺治三年（1646），李颙二十岁的时候，借读了《小学》《近思录》《程子遗书》《朱子大全集》；二十一岁时，借读了《九经郝氏解》《十三经注疏》；二十二岁时，借读了《资治通鉴》《资治通鉴纲目》等；二十三岁时，又借读了《大学衍义》《文献通考》《通典》《通志》《廿一史》等书。

以上大致是李颙十九岁至二十三岁之间的读书情况。李颙在读书时常常是边阅读边深入思考，学思结合，并对前人及其著述作出判别，阐发自己的看法。如在读《十三经注疏》时，李颙不拘于成说，驳纠其中的瑕谬，撰成了《十三经注疏纠谬》；在读史书时，撰成了《廿一史纠谬》。后来，随着李颙思想的成熟，又认为自己此一时期所撰写的著作"非切己之学"，与自己的身心修养相差太远，或加以焚毁，或"不以示人"。在读朱熹晚年所撰《资治通鉴纲目》时，李颙则认为该书是"史中之经"，能反映出朱熹"申明正统，力扶人纪之初心"的志愿。事实上，朱熹在撰述此书时目的也是很明确的，即将义理加于史实之上，期以达到"岁周于上而天道明，统正于下而人道定"。可见，李颙的理解是深得朱熹撰述意旨的。在读

《文献通考》等书时，李颙又认为："《函史》下编与《治平略》《文献通考》相表里，有补治道。《函史》上编、《史纂左编》不过分门别类，重叠可厌，然犹不失为史学要册。"而李贽的《藏书》却"反经横议，害教不浅。其《焚书》可焚，而斯书尤可焚也"。可见，李颙以"有补治道"、经世致用为判别的标准，这也是明清之际诸多思想家所共同关切的时代问题。李颙和当时的一些思想家一样不仅厌恶空谈心性、玩弄光景的浮虚学风，也批判离经叛道、标新立异的学者及其著作。

然而，在当时的蝥腐学者们仍不能深刻反思社会和思想文化上的弊病，依然持守长期以来的读"四书""作八股文"是"正道"的僵化观念，除"四书""八股文"之外的其他书籍均不屑于观看。因此，当他们看到李颙博览群书，不求科举时，均视之为"怪物"，甚至说："李氏子素无师友指引正路，误用聪明，不知诵文应考，耽误一生，可惜!"他们互相告诫不要与李颙接触。

事实上，这其中的原因莫过于两个：一是"嫌其寒窭不屑"，一是"恐其效尤妨正也"。然而，素怀大志的李颙丝毫不为这些言行所困扰，仍然坚持如故。幸运的是，李颙长期以来刻苦读书的行为，逐渐感动了当地的一些藏书之家，他们逐渐知晓李颙嗜好读书，而家贫又无力购书，便允许李颙恣意翻阅。在此一时期，李颙如饥似渴地徜徉于各种书的海洋之中，"自天文《河图》、九流百技，下至稗官野史、壬奇遁甲"，没有不一一研读的。通过博览群书，李颙成为一位饱学之士，时人又以"李夫子"称呼他。

事实上，自古以来成就大事者，必有坚忍不拔之毅力和远大的志向。身处逆境的李颙能矢志力学，夜以继日，持之以恒，这无不与其毅力和"大志希贤"的志向有关！以致后来大学者顾炎武感叹道："艰苦力学，无师自成，吾不如李中孚。"也正是李颙的矢志慕贤与艰苦力学，使他日后成为一代儒宗。

第2章

熙代学宗

一、通变不迁　阐发新说

在中国儒学史上有一个奇特的现象，北宋以来许多儒家学者在建构自己的理论之前往往是泛观博览，研读佛教、道家（或道教）典籍，乃至杂摄兵家、墨家等思想。诸如，宋代张载曾遍访佛、老之书，"累年尽究其说"，并与邻人焦寅交游，谈论兵法，作《边议》九条。程颢则"泛滥于诸家，出入于老、释者几十年"，然后才返求诸"六经"。苏轼曾读《庄子》，认为"得吾心矣"，又读"释氏书，深悟实相，参之孔墨"。朱熹更是在十五六岁时就留心于禅，并与一些僧人有过密切的交往。明代王守仁"因求诸老、释，欣然有会于心，以为圣人之学在此矣"，甚至在结婚之日偶入铁柱宫，遇见道士得闻养生之说，竟然与道士相对打坐，乃至忘归。李颙的成学经历也存在上述类似的情况。

顺治九年（1652），李颙二十六岁。由于邑中藏书之家提供了翻阅书籍的机会，其阅读视野变得更加宽广，开始阅读《道藏》。《道藏》乃道教经书的总集，其内容庞杂，卷帙浩繁，包括大批道教经典、论集、科戒、符图、法术、斋仪、赞颂、宫观山志、神仙谱录和道教人物传记等，是研究道教教义及其历史的百科全书。明代以来，《道藏》主要有两种：一是由明朝第四十三代天师张宇初及其弟张宇清奉诏主持编修，刊成于英宗正统十年（1445）的《正统道藏》；一种是第五十代天师张国祥奉诏编成于神宗万历三十五年（1607）的《万历续道藏》。李颙所阅读的《道藏》是哪一部，还是两部都读了，史无记载；但是，可以确定的是，李颙在阅读《道藏》时存在很明确的目的。他认为，如果一味地像一些儒家学者那样"格物穷理"，仅限于围绕自身的德行而读书涵养，轻蔑甚至拒绝阅读儒家典籍之外的书，虽然能保持自己学业与涵养上的纯正，但是若进一步提高自己的学养，"折中道术，析邪正是非之归"，还需要知道如何去区别儒家之外的思想学说与儒家在什么方面存在不同，其缺点又在何处，进而才能更有效地保障学业与涵养上的纯正。也正是本着这个目的，李颙把《道藏》中的"玄科三洞、四辅、三十六类，每类逐品一一寓目，核其真赝，驳其荒唐"。可见，李颙阅读《道藏》除了有强烈的目的性外，还持有考核真伪的实证态度。次年，李颙又阅读了《释藏》。《释藏》即《大藏经》，乃佛教典籍的总汇。其内容主要包括经藏、律藏、论藏三部分，囊括了几千部佛教典籍。我国刊刻《大藏经》的历史也很久远，自宋代开宝四年（971）即开始刊刻，至清代一千多年间先后出现了二十种刻本。在明代就有《南藏》《北藏》《武林藏》《径山藏》四个刻本，且流传颇广。如同阅读《道藏》，李颙在阅读《释藏》时也是仔细辨析"经、论、律三藏中之谬悠"处。可见，无论是阅读《道藏》还是阅读《释藏》，李颙在阅读之前即具有鲜明的儒家立场。李颙阅读的目的在于甄辨佛、道学说的得失，从而证明儒学的优越性，而不是像以往的某些儒家学者在阅读佛、道典籍时，自己的儒家立场还不能如磐石般坚定，甚至尚如无衔之马，仍处于漂荡无所归宗的境遇。据此看，日后与李颙同时代的著名学者颜元（1635~1704，字易直，又字浑然，号习斋）批评李颙学说为"禅学"，实未深入考察李颙思想内核，有失公允。此外，李颙还对"西洋教典、外域异书，亦皆究其幻妄，随说纠正，以严吾道之防"。

如果说在这一时期李颙阅读佛、道及外域典籍还处于知识积累与思想积蓄的层面，那么他"究心经济""专研兵法"则侧重于实践的层面。如同阅读典籍一样，李颙"究心经济"也存在明确的指向。明朝中后期以来，政治腐败不堪，贪污充斥朝野，宦权专横，盘剥百姓，民不聊生。而一些学者和大臣却足不出户，清谈静坐、玩弄光景，置民生疾苦与国家安危于不顾。明朝灭亡后，顾炎武曾经批判说："刘石乱华，本于清谈之流祸，人人知之。孰知今日之清谈，有甚于前代者。昔之清谈谈老庄，今之清谈谈孔孟……以明心见性之空言，代修己治人之实学，股肱惰而万事荒，爪牙亡而四国乱，神州荡覆，宗社丘墟！"顾炎武深刻指出了明朝士大夫空谈心性、亡国殃民的现实情况，这也是明末清初许多有良知学者共同的切肤之痛，李颙也不例外。据《历年纪略》记载，顺治十二年（1655）李颙"究心经济"。李颙认为，"学须开物成务，康济时艰"，为学要为当时的社会所服务；而司马迁所说"儒者博而寡要"，元人《进宋史表》所称"议论多而成功少"，都切中了长期以来书生们的通病。大概在这一时期，李颙撰写了《帝学宏纲》《经筵僭拟》《经世蠡测》《时务急著》等著作，阐发"道不虚谈，学贵实效"的经世致用思想。可惜的是这些著作均未能流传于后世。同样，李颙研习兵法的目的也是很明确的。在明末清初之际，李颙的家乡不断遭受流寇的袭扰。流寇所到之处，掠夺财富，杀戮不绝，民不安枕，造成了巨大的社会动乱。而当时许多俗儒却或为物欲所左右，或志在干禄，或追逐训诂辞章，不思怎么去抗击流寇，维护家乡的安平。对于此种现象，后来成为李颙好友的李柏（1630~1700，本名如泌，后易为柏，字雪木，晚号太白山人）曾怒斥说，"今之学者儒服儒冠，行非圣贤之行，言非《诗》《书》之言，不如云气、鱼鸟感阴阳山水而变化者，何也？物欲害之也"，"如以训诂辞章为学，而志在干禄，始而侥幸得荣，继而苟且取辱，此犹白獭嗜鲻、鲷鱼嗜牛"。虽然李颙没有直接揭示此种现象，但是罹受其害的他则认为，自姜太公、诸葛亮以后，在儒家学者中只有明代的王守仁能做到"通变不迂，文武兼资"，王守仁所学的才是"有用道学"。显然，李颙学习兵法的目的是为了保卫家乡，平息战乱，这实际也就是"有用道学"，"学""道"兼顾，经世致用。可见，李颙并不像以往许多儒者那样一味读圣贤之书，不敢越儒家典籍雷池半步，而是能以宽阔的视野审视和了解其他学说，能以通变不迂的态度探寻一条经世致用的为学道路。

一个人为学如果涉猎太博太泛而不知道返约集中，则往往成为杂学、泛学。熟读宋明理学家著作的李颙肯定深知前儒有许多关于"博""约"关系的阐述。通过长期的研读，尤其是对以往儒家学说的反思，李颙开始返博归约，撰写了一篇极具哲学色彩的文章——《悔过自新说》。《悔过自新说》是李颙最早系统阐发思想的一篇文章。这篇文章写于何时，史料无明确的记载；但是，我们可以通过樊嶷为《悔过自新说》写的序言知道，在顺治十三年（1656）六月李颙会见樊嶷时，才将这篇文章展示出来，并请樊嶷写一篇序言。而在顺治十年时，二人也曾见过一次面，而且当时畅谈甚欢，但是樊嶷却未说是时见过该文章。因此，有学者推测该文章当撰写于顺治十年至十三年之间，最晚不会到顺治十三年六月。这种推测是合理的。但是，如果从《历年纪略》看李颙学思与撰述经历，直到顺治十三年时李颙还在"究心兵法"，反思什么是"有用道学"。据此看，这篇文章也极有可能写于究心兵法之后，"悔过自新"很可能是李颙进一步反思"有用道学"的结果，也撰写于这一年（顺治十三年）。樊嶷在读到这篇文章后，赞叹不已。认为"《悔过自新》则李子所得切实功夫，拈以示人，不作英雄欺人语也"，并说"先是余知其必为大儒者，兹固人人而皆知为大儒无疑也"，"横渠、泾野而后，道不在兹乎"。可见，在李颙"悔过自新说"提出之后，时人很快认识到李颙思想学说的价值与时代意义，甚至樊嶷以此将李颙视为继张载、吕柟之后的关中大儒。

张载，字子厚，原籍大梁（今河南开封），生于长安（今陕西西安），父殁后侨寓凤翔眉县横渠镇（今陕西眉县横渠镇），世称横渠先生。张载少力学，喜谈兵，曾欲结客取洮西之地，二十一岁时谒见范仲淹。范仲淹劝其读《中庸》，但是张载尚不能以心相契合，仍不满足，继而，又研究佛老典籍数年，后返回精研"六经"。嘉祐元年（1056），张载在京师讲《易》，并与二程探讨道学之要，嘉祐二年中进士，历任祁州司法参军、云岩令、渭州军事判官、崇文院校书等职，后因其弟张戬反对王安石变法而遭贬辞官归里。熙宁十年（1077），由于吕大防的推荐，张载复诏入朝，同知太常礼院，又因论礼与众人不合，且患疾病而返乡，途经洛阳，与二程论学，中途，病卒于潼关。张载为关学的开创者，其学以《易》为宗，以《中庸》为的，以《礼》为体，以孔孟为极。

吕柟（1479~1542），字仲木，号泾野，陕西高陵人，学者称泾野先生，乃是与明代王阳明、王廷相齐名的大儒。吕柟正德三年（1508）中进士，授翰林院修撰。时值宦官刘瑾当权，吕柟不屑与之交往，为避其迫害，称病返乡，正德九年又重被举荐，但因直指时弊，其疏不被上报，遂又退居乡里。明世宗嘉靖时，吕柟再被征用，后因议兴大礼而获罪，贬谪为解州（今山西解县）判官，后屡迁任为南京吏部考工司郎中、上宝司卿、太常司少卿、国子监祭酒、礼部右侍郎等职。吕柟自幼心慕于圣贤之道，以继周、孔、思、孟为志向，尤醉心于二程、张载、朱熹之学。曾师事被称为“关西夫子”的著名理学家薛敬之（1435~1508，字显思，号思庵），宗薛瑄（1389~1464，字德温，号敬轩）“河东之学”。吕柟为官期间，注重文教，曾建解梁书院，讲学不倦，被誉为“兴学而人才丕变，励俗而礼让大行”，且从学者甚众，风动江南，著述丰富，被认为是明代关学的集大成者。樊嶷将李颙与张载、吕柟并提，可以说这是对李颙至上的推重，而这一年李颙仅三十岁。

在李颙展示《悔过自新说》的次年，李颙患了一场大病。病魔虽然限制了李颙的行动自由，但是无法限制李颙对儒家真知的探索，且又给了李颙静心思考的广阔时空。事实上，在儒学史上一些学者往往是在身陷痛苦或厄运之中，才能豁然了悟长久以来萦绕于心头、百思不解的困惑问题。诸如，明代大儒王守仁因触怒宦官刘瑾，不仅被廷杖四十，而且被贬谪到偏远的贵州龙场做驿丞。龙场处于万山丛棘之中，满布蛇虺魍魉，生命时刻受到虫毒瘴疠的威胁；而且王守仁及随从又与当地的苗人语言不通，唯可以交流的是从内地逃到那里的亡命之徒。加之刘瑾又不断派人前去追杀，随时都有丧命的危险。在如此厄境之下，王守仁日夜端坐于一石棺之上，以求能心静如一，久之，竟豁然了悟，胸中洒洒，不仅摒弃了一切荣辱，而且把生死念头也消解掉，可以说这是从根本上"悟道"了，从根本上印证了年少时所追求的"第一等人"的境界——这种境界与政治、社会地位无关，而是具有了圣人般的精神境界，与天地万物为一体。李颙的病疾虽不及王守仁的厄境之困，但是在卧病期间效仿先贤"默坐澄心"，久而久之，却使其思想豁然顿悟，感觉到"灵机天趣，流盎漫前"，自己的精神世界中呈现出无限光明。可见，李颙也是和王守仁一样从反切自身出发而"悟道"了，认识到内在光明的精神生命，这种生命体悟与王守仁所体悟到的圣人"与天地万物为一体"的至高精神境界是相通的，没有丝毫的意、必、固、我的执着与遮蔽。李颙精神境界的提升必然导致此后为学进路的大变化。

李颙上述精神境界的提升也反映在他的日常生活之中。据《历年纪略》记载，顺治十五年（1658），李颙租种他人的田地借以聊生，但是这一年恰逢干旱，庄稼无成，生活更加艰难。实际上，自明崇祯十五年（1642）李颙的父亲去世之后，李颙母子就"未尝一日温饱"，甚至出现即将饿死的局面，可谓尝尽了人世间的艰难苦痛；但这一切却靠着李颙母子如铁石般的超乎常人的坚忍意志挺了过来。这一年庄稼几近颗粒无收的情况下，李颙是如何克服的呢？史无记载，但是却留下平凉进士梁联馨对李颙的赞誉："濂、洛、关、闽之传，自阳明、近溪之后，剥蚀殆尽，先生生于百五十年之后而起续之，笃信谨守，奇贫厄之不为变，群毁攻之不为恤，卒使绝学既湮而复振，大道已晦而复明。"梁氏大致说，自北宋以来，理学（濂学、洛学、关学、闽学）的传承到了明代的王守仁、罗汝芳（1515~1588，字惟德，号近溪）之后几乎再没有大家，直至李颙出现。可见，是年李颙仍如往日般不为贫困所动摇，不为外界的诽言攻难所动摇。身处如此困窘的境地，能守志如初，安贫乐道，这是需要多大的勇气、多坚强的毅力、多高的精神境界才能做到！显然，若没有孟子所说的"浩然之气"，若没有贫贱不移的大丈夫气概，若没有极高的精神涵养是无法在如此贫厄之中持志安贫的！

　　梁氏的评价当是时人的一些共识，这时候李颙才三十余岁，其学识、操守已为人所周知。李颙十余年如一日学习儒家经典，不仅提出具有调和融通以往理学各学派思想的"悔过自新说"，而且深悟到儒家至道，人人也皆知其为当世大儒。

二、交友论学　声名远播

　　顾炎武曾经说："人之为学，不日进则日退；独学无友，则孤陋而难成。"一个人求学如果不能天天上进，就会天天后退。如果自己独自学习，而不和朋友互相交流，也必然会导致识见浅薄，难以成学。如前所述，李颙身陷贫困之境，却能矢志力学，夜以继日，持之以恒；同时李颙也如顾炎武一般，注重交结良友，互相研讨，从而增进学问。

事实上，终李颙一生在不同的时期均结交一些朋友，或与这些朋友相与论学，或接受这些朋友的资助。在李颙成名前后，除了前文谈到的在顺治三年（1646）结交樊嶷外，李颙也结交了其他一些朋友，其中不乏一时英杰。这些人的事迹，史料所记载的详略各不同，以下仅略加介绍。

顺治三年，李颙结交惠思诚。惠思诚（1618~1690），字含真，盩厔南留村人。惠思诚生平喜好先儒性理之学，为人精明浑厚，以孝友闻名于乡里。据李颙回忆，在其弱冠时便认识了长自己十岁的惠思诚，并"见其沉潜简重，不觉爽然自失，兴怀向往"，惠思诚"亦不以余为不肖，误谓'可与共学'。自是，心孚意契，欢然忘形。余多言而躁，一生多口过；君静默寡言，居恒鲜尤悔。余性卞急，君性舒徐，自初交以至垂白，未尝见君有疾言遽色。时相聚首，藉以自律，迨余杜门谢客，与世暌绝，惟君之临，启钥晤言，无间晨昏"。李颙不仅记叙了自己结交惠思诚的经历，也将自己所受惠思诚的影响及二人之间的友情形象地描述出来。事实上，在李颙的一生中，惠思诚当是与之交往最为密切的朋友，二人相交四十年，感情甚笃。据《重修盩厔县志》记载，每次当惠思诚拜访李颙离开时，李颙都要送至贞贤里与南留村之间的普济桥，两处距桥均是十里路。自此分别，二人约可以同时回到家。因此，后人又称此桥为"送别"桥。

顺治五年，李颙结交李柏。李柏即是日后与李颙、李因笃并称为"关中三李"的著名学者，在清初影响甚大。李柏是眉县人，九岁时父亲就去世了，和李颙一样与母亲相依为命，事母至孝。李柏性格孤高，持守节义，自幼负有才气，喜谈兵家言，"往往吐语惊人"。十七岁时，李柏受古贤嘉言懿行的启发，立志学习古人，研读古书，并焚去了案头的时文，绝意科举。塾师曾再三加以劝诫与怒斥，李柏仍不肯屈就章句名利之学。二十四岁时，李柏迫于母命补为博士弟子员。当时的陕西学使田心耕擅改其名"如泌"为"如密"，意在取唐代文学家李密之名。而李柏不齿于李密在《陈情表》中视故国蜀汉为"伪朝"，怒薄其不忠，便易名为"柏"，字雪木。在母亲逝后，李柏遂隐居太白山中，潜心理学、博采诸子百家数十年。关于二人的见面订交之事，李柏后来回忆说："忆昔与兄相见于沙河东村，兄年廿二，弟年十九。兄十四少孤，弟九岁失怙，命之苦同。兄一寒彻骨，弟贫无立锥；兄菜色而登山，弟枵腹而临水；兄缊袍而见客，弟鹑衣而访友，境之困同。兄囊萤而读书，弟爇香而照字，学之勤同。兄企慕于先民，弟亦不屑为今人，志之远同。尔时自以为年正富力正强，学之五十六十，其成就或有可观。至于今日，兄发戴雪，弟头蒙霜，年之老同。中有不同者，吾兄学成名立，天之北斗，地之泰山。至于弟者，踉跄田园，混迹渔樵，年与时去竟成枯落，奈何！奈何！"（引文中李颙"十四少孤"有误，当为十六岁）李柏仅少李颙三岁，约为同龄人。二人也均有少年丧父，与母亲相依为命，命运相同。二人均一贫如洗，淡泊安逸，境遇相同。二人均艰苦力学，奋发有恒，求学相同。二人均志行高洁，学习圣贤，抛弃时文，绝意科举，志向相同。相似的人生经历与品行使二人相见甚得，初次见面便订交，甚至日后也成了儿女亲家。

顺治十六年，李颙结交骆钟麟。骆钟麟（1625~1677），字挺生，别号莲浦，浙江临安人。顺治十六年始任盩厔县令。在其主政期间，亲善爱民，劝课农桑，建设城垣，疏通河渠，续修县志，修缮学校，并经常与士人学子讲论周敦颐、二程、张载、朱熹等人的学术思想，促进了盩厔学术文化的发展。骆钟麟在任期间，也深得盩厔百姓的爱戴，以至于在其离开盩厔时士民立生祠祀之。当时的著名学者孙奇逢曾赞誉他为"古之君子"。关于骆钟麟与李颙的交往，史料中存在多处记载，虽然介绍简略，但是二人交往甚为频繁，友谊颇为深厚；而且当李颙陷于困境之际，骆钟麟多次伸出援助之手。骆钟麟初到盩厔，便听说了李颙的声名，立即竭诚前去造访。但是，或许因李颙不知道骆钟麟为人如何，视之为不速之客，拒而不见。然而，作为一县之长的骆钟麟并未因此被激怒，反而对李颙愈加仰慕，更激起其拜谒问学之心。当再次拜访时，骆钟麟则长跪请教。骆钟麟能以县令之尊屈膝问学，这令李颙相当震惊，欣然与之结交。在二人的谈论中，骆钟麟也的确被李颙的学识、风度、气节所折服，开始时二人尚执宾主之礼，然而不久骆钟麟则情不自禁地甘拜下风，以师礼事之。此后，每逢政暇之时骆钟麟必到李颙的家中，从容盘桓，聆听李颙讲学，竟日方离开。在当地人看来，能得到县令骆钟麟的频频造访当是一件极为荣耀的事情，主人应当感恩致谢，迎接相送。然而，每当骆钟麟离开时，李颙却均无所表示，这在当地人中产生了诸多流言蜚语，认为李颙太傲慢了。当骆钟麟听到这种议论后，立刻澄清说："李先生二十年来不履城市，岂可因钟麟一人顿违平生。但得不闭门逾垣，为幸大矣！"在骆钟麟看来，李颙二十余年都坚持志节，隐居不出，甚至连县城都没去过，自己也决不能因为个人的造访，让其违志破例，只要李颙不让其吃闭门羹，便是大幸了！可见，骆钟麟不仅禀性谦恭，而且深知李颙的志节为人。骆钟麟又看见李颙的房屋"唯茅覆数椽，颓垣败壁，不堪其忧"，便将积累下的个人薪俸捐了出来，帮助李颙将房子修缮了一番，并在平时经常资助李颙一些食物，这在某种程度上改善了李颙母子"未尝一日温饱"的境遇。可见，李颙与骆钟麟的交识不仅得到一位探讨学问的良友，也得到了一位生活上帮助自己的恩人。

李颙结交蔡启胤、蔡启贤兄弟。蔡氏兄弟为甘肃秦安人。蔡启胤，字绍元，学者称之为"溪岩先生"。据李颙所撰《秦安蔡氏家传》知，蔡启胤"学古高行"，在年轻时就"有声士林"，随之从学从游者很多。蔡启胤平生刻苦研读"五经"和各种典籍，尤其是"读史至忠孝节烈"时，常常"拊膺流连，歔歠不自胜"。其本人也是侍奉父母至孝，承颜聚顺，除讲学和接纳宾客外一概不离其左右。如果父母生病，则延请医生，并祈祷上天以求自代。李颙在文章中也记载了两则蔡启胤孝亲的故事：一则是蔡启胤为给年迈的父母提前预备棺木，亲自到深山采漆，遇到老虎，而老虎却加以回避。还有一次，贼寇将蔡启胤的母亲掠走，蔡启胤哀请自代，贼寇深为感动，于是将蔡母释放。然而，当李自成农民军攻陷北京后，蔡启胤则常颂屈原的《离骚》以明志，杜门事亲，不再与外界接触。蔡启贤，字景元，号琴斋，和其兄一样敦行孝道，晨夕问安。李颙也记载了蔡启贤的一些生平事迹，其中有一事：蔡启贤在盩厔任职期间，有一次到李颙家拜访。李颙预备了一些瓜果加以招待，但是蔡启贤假托肚子不好，不去吃。后来，李颙才知道其中的原委：因蔡氏家所处的陇西与盩厔存在着气温上的差别，所以陇西的瓜果要晚成熟于盩厔的。当事亲至孝的蔡启贤看到瓜果时，想到此时的父母还未吃到瓜果，自己也不愿先父母而品尝。李颙之所以能与蔡氏兄弟交往，也是因为蔡启贤曾在盩厔任职，数次造访李颙，二人结下了友谊。其兄蔡启胤也因此知晓了李颙的学识与风范，但因其父母均年约百岁而不能亲自前来拜访问学，故"托族弟千里步捧，遥投教下请学"。当蔡启胤每次获得李颙的答复时，则兴高采烈，并庄重地焚香拜受。可见，蔡启胤的为学与为人是何其真诚！如此真诚至孝的兄弟，当然在性情上与李颙相投合，李颙也乐于结交这样的朋友，以致后来二人殁后李颙又为其立传。

李颙结交党湛、王化泰。据徐世昌《清儒学案》记载，党湛，字子澄，陕西同州（今陕西大荔）人，曾经师事明末关中最著名的大儒冯从吾。党湛生平不事帖括科举，而是勤于学习宋明诸儒的学行言论，曾经说，"人生须作天地间第一等事，为天地间第一等人"，所以自号为"两一"。党湛性至孝，其父有癫痫病，则昼夜服侍不离；当其父亲殁后，又在墓边搭起草房守墓三年，所以时人赞誉其为孝子。在顺治十七年（1660），年逾八十岁的党湛听说了李颙的贤名，便冒雪履冰，徒步前来求正以往自己所学，二人探讨学问数日，每次均至半夜。王化泰，字省庵，陕西蒲城人，虽然从医救世，但是又笃志于儒学，并与同邑的单元洲结社讲学，与党湛经常砥砺探讨学问。康熙二年（1663），王化泰前来谒访李颙，当即欲拜李颙为师。然而，李颙以王化泰年长于自己二十余岁加以推却，订交为友。党湛、王化泰均是李颙的前辈学者，但是当他们闻知李颙后，立即被其折服。李颙也深为二人的品德、问学精神等所感动。后来，在党湛、王化泰去世后，李颙分别撰写了《党两一翁行略》与《题王省庵墓碣》，记叙二人的学问、操行等，并且在多年后，李颙仍念念不忘亡友，寄字与时任同州地方官的郝斌，请其为党湛树碑表彰，寄书与友人董郡伯檄书蒲城官吏，为王化泰树碑，并以"理学高士王省庵先生之墓"表之。

康熙二年，李颙结交顾炎武。顾炎武（1613~1682），初名绛，学名继绅，字忠清，江苏昆山人。在明亡后，因仰慕南宋民族英雄文天祥的学生王炎午的忠贞品格，他更名为炎武，字宁人。又因其家乡有一亭林湖，所以学者称之为亭林先生。顾炎武十四岁为诸生时就参加了复社，有了一些声名。面对明末时局的多变，顾炎武放弃了举业，转而讲求经世致用之学。在明亡后，顾炎武曾参加过短暂的抗清斗争。在其家乡昆山被清军攻陷之时，死难百姓多达四万余人，顾炎武的生母何氏也在此时被清兵砍去右臂，两个弟弟惨遭杀害。而当时顾炎武因奉嗣母王氏避兵乱于常熟而逃过了此劫。当王氏听说昆山城陷后，便绝食十五天而死，临终给顾炎武留下遗言："我虽妇人，身受国恩，与国俱亡，义也。汝无为异国臣子，无负世世国恩，无忘先祖遗训，则吾可以瞑于地下。"国恨家仇，嗣母遗言，使顾炎武终生保持了不与清廷合作的态度。顺治十四年（1657），顾炎武为躲避仇家的追杀，只身北上，开始了他后半生的漫游生活，所到之处考察山川形势，交游论学，著书立说。在康熙二年（1663）十月，顾炎武来到鳌屋拜访李颙。二人均是当时少有的博学大家，且均主张经世致用，所以二人相见，分外高兴，昼夜论谈，上下古今，无所不辩订，交契甚欢，自此，也开始了两位大学者的友谊。但值得注意的是，在二人谈论即将结束的时候，李颙发出了这样的感慨："吾人当务之急，原自有在，若舍而不务，惟骛精神于上下古今之间，正昔人所谓'抛却自家无尽藏，沿门持钵效贫儿'也。"李颙认为，谈论上下古今，无关自己的身心修养，也不是当务之急。顾炎武闻之怃然，甚至有些失落的感伤。这也显示出两位大学者在思想上仍存在着巨大的不同。

除了和上述学者交往外，据《二曲集》所收录的李颙为他人所作的传、行略等可知，在此一时期，李颙尚和云霞逸人、朱彩、朱吐光等人交游。李颙在未弱冠时就和云霞逸人交游，而且每次游楼观台，必过去造访。每当二人谈论到明末的甲申之变、李自成陷北京、崇祯皇帝吊死煤山时，云霞逸人便不觉泫然泪下，悲痛欲绝。这俨然是一位志行高洁的遗民逸士。朱彩与朱吐光均是盩厔人。朱彩，字旭阳；朱吐光，字景含。两人均质直行方，极有操守，属于李颙的前辈学者。李颙未弱冠时便结识了二人，与二人属于忘年之交。据李颙所撰《朱景含行略》记载，在李颙年轻时二人常对李颙"善相劝，过相规，以古道相成"，李颙的成长成学也受到二人的某些影响。

俗话说"物以类聚，人以群分"，一个人有什么样的朋友也能反映出他的志向和为人。志合者，不会以山海为远；道乖者，也会不以咫尺为近。李颙所交者多是同声而能相应、同心而能相知之人。虽然时过三百多年，李颙及其友人的德操品行、生平事迹仍能较清晰地展现于世人眼前。在与朋友们的交往中，李颙的为学、学识、志向与品行也得到他们极高的赞誉。尤其是在时人看来，穷乡僻壤中的寒门子弟能成就一番大学问本来就是一件了不起的事，而李颙又是在长期饥不饱食的困境中凭借刻苦自学成为一方"学宗"，其思想又给学术界带来一股巨大的清新之风，这更不得不让人赞誉有加。在明朝中后期以来，学术界弥漫着空谈性命、任心废学的风气，儒学一度成为士人们玩弄光景的工具。李颙的思想不仅是他长期研读儒家著作的结果，也是他对儒学切身体悟的阐发。这些阐发抛弃空言，攸关时势，又契合人们的身心修养与道德人格的塑造；不仅让较高层次的学者们内心由衷地折服，也让农工等下层百姓感受到贴切自身的生活，触手便是。或许这也与儒学本身的特点有关。儒学本来就以其注重对生命的体悟、道德的教化、人格的塑造等特点潜藏于人们的日用常行之中，只是未被有效地揭示出来。李颙则将这些熠熠生辉的特点与价值彰显出来，让人们能亲切地感受到。

在《历年纪略》中也收录了骆钟麟撰写的一篇文章，其中说："夫所谓真儒者，必其岩居穴处，萧然一室，蔬水自安，箪瓢独乐，富贵不淫，贫贱不移，威武不屈。盖学有定旨，胸有独得，穷则善身，达则善世，而后可以绍继绝传，光辅皇辖。求之当今，未易数数见也。"显然，这不仅是骆钟麟从自己以往的人生阅历、研读经典的体会中所得到的关于"真儒"的理解，更是在与李颙相交耳濡目染中所得到的体悟与感发。文章又说："鳌邑有隐士李颙者，其人生而颖异绝伦，潜心圣学。年未弱冠，即见器于前令樊嶷，知其超悟之资，必为名世大儒。卑职莅任之初，首重得人，因造其庐，访其人，挹其德容，聆其谈论，不觉形亲神会。初犹执宾主之礼，即不觉甘拜下风而恐后矣。"骆钟麟的这篇文章很快在台、司、道、府等各级官吏中传阅，李颙也随之声名大振，成为当地最著名的学者，人人皆知其为大儒。按察使翟凤翯在南行前，很想延请李颙过去会晤，李颙力辞不往。布政司陈爌研读过《悔过自新说》后，深受启发，"为之衍绎发明"，本想亲自前来请教，但是因病卒而未果。督学马之驭赞誉李颙说："允矣笃实真儒，展也隐居君子，可谓盛世之羽仪，士林之木铎。"巡抚张自德又命马之驭以"熙代学宗"四字加以表誉。提学王成功（《历年纪略》作"王功成"）称誉李颙"超世独立，学尚实谐"，并表其门曰"躬行君子"。此后，闻风而至赞扬李颙者甚众，或称之为"理学渊源",或赞誉为"一代龙门",或颂扬为"躬超萃类"。

然而,面对纷沓而至的众多赞誉,李颙深深自责,以之为耻,认为这些赞誉标榜妨碍了自己的研修,所以"多撤去不存"。面对每天来自不同地方不同身份的访客,生性内敛谦恭的李颙也陷入了空前的彷徨之中。《历年纪略》描绘了当时的情况:"先生本奋自寒微,学无师授。一旦崛起僻壤,孤倡于久晦之余,远迩乍闻其说,始而哗,既而疑,久之疑者释,哗者服,桴捷响随,庐传风应。不惟士绅忘贵忘年,千里就正,即农工杂技,亦皆仰若祥麟瑞凤,争以识面为快。每一他往,行人相与指目聚观,先生惭赧垂首,进退维谷。归而终日不怡,以为犯造物之忌,将不知其所终矣。"自古以来"名人"就是被关注的焦点,尤其在中国传统社会中"名人"也是跟风聚观者的目标。此时的李颙深刻体会到"名人"的艰难与无奈,尤其是当一些人频频对自己"指目聚观"时,顿时感到满脸羞愧,无所适从,唯一可做的就是低下头匆匆走过。在李颙看来,为学要围绕自己的心性修养,沉潜涵泳,要不断地充实自己的学养,提升自己的境界,行己有耻,而不是沽名钓誉,以博学炫耀于人,以多闻夸示于人。康熙三年,为了摆脱这种无休止的干扰,李颙决定谢绝各种应酬,闭门读书。

第 3 章

东 行 论 学

一、丧母别友　群小中伤

康熙四年（1665），在李颙的人生中发生了一件极为重要的事情——母亲病逝。五月，李母突患膈病。膈病主要指气管和消化道方面出现了问题。用今天西医的眼光看，食道炎、食道溃疡、食道癌等均属于这类病。从病理上看，此病虽然集中于食道和胃，但却与肝、脾、肾等功能的失调有密切关系，而且长年的忧心郁结、劳伤过度、饮食不节等往往可以诱发此病。在吴来绂撰写的《贤母彭太君小传》中说，在李颙的父亲去世后，家境异常困窘："是时，瓶鲜储粟，衣实悬鹑，茕茕弱息，既罕期功强近之亲，又乏应门五尺。"李颙家中不仅几乎没有可以储备的粮食，而且人人穿着像鹌鹑毛斑尾秃那样的破烂不堪的衣服；不仅没有人愿意资助他们，乃至能让他们勉强接近的亲戚都没有，也没有维持家庭经济的身强力壮男丁。因此，一切家庭的重任都落到不愿以改嫁谋求生计的李母身上。长年以来，李母以自己坚忍不拔的意志支撑着这个落魄家庭艰难前行，同时，又以自己卓绝刚烈的品行教育儿子读书成材。到康熙四年，离李颙的父亲去世已经有二十四个年头，其间饥寒交迫与捉襟见肘的日子时时如同恶魔般缠绕着李颙母子，他们生活上的艰辛与悲惨远远超出了人们的想象！李母何尝不时时为了生计忧心郁结？又何尝不频频劳伤过度？如何能像富裕人家那样合理安排饮食？是年突发膈病也在情理之中。

面对慈母之病，生性至孝的李颙每日忧心惆怅，尽自己最大的能力去延请医生，并且准备了祭品到城隍庙虔诚地祈祷，企望神灵能开恩让自己代替母亲受过。或许是李颙的诚心感动了神灵，当夏天即将过去之时，李母的病情出现了小小的好转，这令李颙兴奋不已。然而，至中秋时，李母的病情又开始发作，李颙找遍了周围所有的名医，跪请他们前去医治；而自己则昼夜服侍，衣不解带，朝夕带着妻子哭祷祈福，以致磕肿的额头久久不能消愈。然而，李颙的孝心终究也未能挽救母亲，在这一年的十一月十七日黎明，李母走完了其困窘的一生，撒手人寰，终年六十七岁。母亲的离世让李颙痛不欲生、肝肠寸断。然而，贫困的家境让李颙无法操持殓丧。是时，骆钟麟又伸出了援助之手，捐俸帮助李颙购买了棺材。殓丧之后，李颙一想到自己父亲早丧，母子相依为命，往昔母亲的慈祥面容不断浮现于眼前，其哀伤之情愈加剧烈，昼夜抚棺呜咽，许久才允许他人将棺材盖钉上。继后，一连五天，李颙勺饮不入，哀毁几绝。到了第七天，因哀伤断食，李颙极度衰弱与憔悴，已僵卧于棺柩旁不能起身了。

李母去世的消息也很快传遍了本县乃至邻县，各地前来吊唁的人络绎不绝。显然，长期以来李母的志行德操早已为时人所知。人们在吊唁时也不断地话说李母的往事，不断赞叹李母的贤德……乃至当时一些地方官也纷纷加以表旌：茶台梁熙以"苦节维风"四字赞誉，太守叶承祧也以"纯贞启后"称颂。事实上，李母的事迹在其身后感动了许多人，后来陈玉璜、李长祥、李楷、吴来绒、徐超、毛重倬、梁联馨、惠霭嗣、康乃心、吴珂鸣等十余位学者纷纷为李母作传、记、赋、赞等，颂扬这位"贤追孟母"的杰出女性。诸如其中有学者赞说："坤元正气，秉德直方。艰贞百折，不变吾常。良人赴义，悯孤未亡。冬夜夏日，饱历冰霜……夫义妇贞，节义成双。生荣死哀，孟母同芳。"

次年春，当李颙还沉溺在丧母的悲痛之中时，至友骆钟麟的任期已满，将升任北城兵马。司马迁在《史记·汲郑列传》中说："一贫一富，及知交态；一贵一贱，交情乃见。"在贫富之间，才知道朋友的真实态度；在贵贱之间，才知道什么是真正的友谊。八年来，李、骆二人志趣相投、相互敬重，结下了深厚的友谊。这种友谊不仅不因地位、贫富的悬殊而产生隔阂，反而更加显得纯洁高尚，成为一段佳话。即将离别，骆钟麟唯一担心的是因自己的离去，已经贫困潦倒、步履维艰的好友难以维持生计，于是又为李颙购置十亩良田，聊资耕作。而面对骆钟麟的离去，李颙再也无法让思绪平静：相交八年，每次都是骆钟麟屈身到自己家中谈论学问、问寒问暖，经常给予无私的资助；而自己从未到过县署，进行过一次回访。此次，骆钟麟前来道别，李颙再也无法控制住自己的感情，破例相送，直至送出盩厔境外，才依依惜别。

骆钟麟的离去让一些对李颙心存不满之人再也无所顾忌，筹划乘机中伤李颙。李颙性情高直，洁身自好，长期以来既不与流俗合污，遇到不平之事又往往挺身而出加以指责。这必然导致一些人对李颙恨之入骨，常常加以造谣诋蔑。在骆钟麟离职后不久，关于李颙的各种谣言，乃至各种嫁祸与诟辱也纷至沓来，而且以讹传讹。加之李颙深受远近学者的尊崇，许多人争相识荆，这也让周遭的许多人产生无比的嫉妒。

如此，李颙进一步陷入了各种诋毁与谣言之中，尤其是在新县令马芝上任后，嫉恨李颙者担心他再一次被优待，纷纷前去谗毁李颙。马芝，字友兰，湖北公安人，由进士任盩厔知县。此人爱慕虚荣，刚愎自用，每日或闲暇静摄，或以梵呗自娱，加之又熟悉方书，长年沉迷于各种道术，整日忙于索求药饵，懈于政事。有一次，盩厔大面积的邑田被大水冲毁，而马芝却被衙吏的言论蛊惑蒙蔽，不敢上报，欺瞒上司。如此治县，当然也深为百姓们所厌恶。马芝刚刚上任，即被周遭的一些诋诬李颙的言论所迷惑，加上其刚愎自用，常常以甲科进士自负，不断地去指使他人讥讽李颙，试图让李颙屈身前来拜访他，以获得声名。然而，李颙根本不屑于如此伎俩，更不会为区区小人屈节弯腰，便以谦逊的态度婉言拒绝。刚刚上任时，马芝似乎还迫于李颙在士林中的声望，告诉李颙的亲友："本县闻李某聪明可造，但欠指引耳。宜来见我，当授以八股之法，令其从事正路，以图进取。"马芝试图以传话的形式，让李颙前来拜谒自己。马芝素不知，早在十余年前李颙便抛却《周钟制义》类八股科举俗文，而笃信儒家心性之学，专心内圣外王之道。何况马芝不过是一介庸碌俗夫，如何能理解李颙专心儒家正学的"大志希贤"抱负？更何况李颙素有不趋炎附势的性情，更不会放弃自己的节操，屈身于如是俗人！马芝久未见到李颙前来拜访，遂生诟言，到处讥讽李颙。这时嫉恨李颇者又乘机中伤，对马芝说李颙常讥笑他的文章，这更加令马芝恼羞成怒，一心想寻找机会惩治李颙。

二、群贤拥迎　新宰相难

康熙七年（1668）四月，骆钟麟离任盩厔有一年时间了，李颙身处于各种谗言之中；又因缺乏至友的帮助，生计也每况愈下，困顿不堪。正在此时，同州（今陕西大荔）老学者白焕彩和王化泰肃礼币，遣党克材（《东行述》为"党惟学"）到盩厔迎接李颙东行同州、蒲城讲学。白焕彩，字含章，号泊如。白焕彩天生孝友，以顺事父母和兄长闻名乡里。其伯兄曾求学于明末大儒冯从吾，归后将其所闻所学告知白焕彩。白焕彩深受启发，于是摒弃帖括科举之业，专心研读儒家经典，在《周易》《诗经》、"三礼"、《春秋》等方面，均有自得，后来又不以年龄倍长于李颙为介意，屈节问学于李颙，曾手录集中反映李颙思想学说的重要文章《学髓》。此次，白焕彩和好友王化泰商议，一起延请李颙东行讲学弘道。

然而，当党克材走进李颙的卧室时，震惊地发现四壁萧然，这让党克材不由得泫然泪下，悲伤地说："东人虽知先生之贫，不意困顿一至于此，即黔娄衣不盖形，然止于赤贫而已。独先生之贫，酷不忍言，而快然自得，固自以为足，其如室家何？"党克材认为，同州、蒲城两地的学人都知道李颙贫困，但谁也不会想到竟然困顿到如此境地！即便是战国时期的黔娄，虽然死后被子不能盖掩身体，但还不至于像李颙如此的贫困潦倒！即使李颙能安然自得不以为意，但家里其他人怎么做到呢？李颙贫困的家境的确让党克材震惊不已，以至于他将李颙与黔娄相比较。

黔娄是战国时齐国的贤士，满腹才学。尽管家徒四壁，却能励志操守，安贫乐道，不去争名逐利，视荣华富贵如过眼烟云。当时齐、鲁两国的国君都想请他出来做官，甚至齐威王亲临黔娄所居的洞穴中请教，还为了表示尊重远远地就下马脱靴，徒步进洞；但是，黔娄坚持志节不愿意出仕。黔娄死后，因家贫如洗，连一条能盖满全身的长被子都找不到。这时他的好友孔子的弟子曾参建议将被子斜盖，可以盖住全身，但黔娄的妻子却严正相告："斜之有余，不如正之不足。先生生前不斜，死后却斜者，也决不符合生前之意。"曾参无言以对。在古时候，人死后往往根据他一生的事迹概括一个"谥号"，于是曾参又问黔娄妻子："先生之终，何以为谥?"黔娄妻子立即回答："以康为谥。"曾参听后疑惑不解，又问道："先生在时，食不充饥，衣不遮体，死则手足不能覆盖，甚至现在的棺材旁连飨祭的酒肉都没有，怎么能以'康'作为谥号?"黔娄的妻子则说："先生生前，鲁国国君想聘他为相，齐国国君想聘他为卿，但是他都辞而不受，这怎么能不算余贵呢！鲁国国君要赐给他很多粮食，齐国国君也要赐给他酬劳，但是他又都辞而不受，这怎么能不算余富呢？如此知足常乐，怎么会把世俗的贫贱与富贵放在心上！以'康'为谥，应该是最恰当的。"因此，在历史上，黔娄常常被看成贫贱却能守志者的榜样。陶渊明曾赞咏他说："安贫守贱者，自古有黔娄。好爵吾不荣，厚馈吾不酬。一旦寿命尽，弊服仍不周。"李颙与黔娄相比较，贫困相仿，操守相仿；但是，黔娄的保生全身、超然于富贵与贫贱，俨然是道家的风范；而对于大志希贤的李颙来说，虽也有与黔娄相似的境界，但其践仁悟道、乐天知命，不过是儒家的充实而又有光辉的圣贤境界的体现。对于李颙来说，贫贱、富贵、吉凶不过是外界际遇，丝毫无关身心，当然也无足挂齿！看到李颙生计困顿至此，党克材立即帮助李颙"备办薪米安家"，然后才延请李颙东去讲学。

李颙一生非常注重讲学。虽然，在康熙五年（1666）时太守叶承祧重建关中书院，就想延请李颙过去讲学，但是遭到李颙的婉言谢绝。拒绝的原因，或是因为慈母新丧，不宜外出；或是认为自己学养不足，尚须涵养等，这已经不得而知。而这次东行却是李颙第一次离开家乡，弘道讲学。临走之前，李颙徘徊于母亲的新坟之前，拜祭告行。第二天又在辞别寡居的姐姐后，方才出门。此次出行，对李颙来说也是一次对历史体认、希圣成贤的过程。因兴致所系，一路之上李颙不断地拜谒古代圣王前贤的墓祠，结交当地的乡贤名流。到兴平时，李颙迂道去拜谒茂陵。茂陵是西汉武帝刘彻的陵墓，位于兴平城东北的茂陵村。汉武帝开创了汉王朝的鼎盛局面，是历史上少有的能和秦始皇相提并论的帝王。在汉武帝时期，面对匈奴的入侵，君王能以非凡的才略力拒匈奴，不仅巩固了汉王朝，而且开拓了西北边疆，这不能不算是丰功伟绩。或许身处易代之际的李颙触景生情，故而迂道前去拜谒。至咸阳北郭的毕郢，李颙又去拜谒周陵。虽然现代考古发现，周陵埋葬的乃秦国某君王；然而，在历史上长期以来人们均认为周陵乃周文王姬昌、周武王姬发、周成王姬诵、周康王姬钊四位西周杰出君主的陵墓，其东面有周公、姜太公之墓。因而，也值得李颙前去拜谒。至泾阳，李颙又会见了逸士王尔德。王尔德介洁有守，过去曾数次到鳌屋谒访李颙。此时王尔德已年逼桑榆，衰老力瘁。此次过泾阳，李颙当然不会错过看望老朋友的机会。在谈话中，王尔德告诉李颙发生在当地的一则逸闻：曾有人冒充李颙住在当地的一座寺院中，被人揭穿后成为当地一大笑谈。李颙闻听，莞尔一笑。辞别王尔德，到了下邽，李颙又去拜谒寇莱公祠。寇莱公即寇准，乃北宋著名官员，以直言著称。在景德初契丹军入侵时，时任宰相的寇准坚决反对南迁，力主抗辽，促使宋真宗前往澶州（今河南濮阳）前线亲自督军抗敌。行至蒲城，李颙又拜谒当地祭奉关学始祖张载的横渠张子祠。

经历了半月的行程，到了五月二日，李颙来到蒲城车渡镇，王化泰已为李颙准备好了一间安静的房子等候。然而，尚未等李颙缓解旅途的劳累，他到达蒲城的消息已迅速传播开来，前来拜访问学的人络绎不绝。面对如此多的好学之士，李颙终日端坐讲解，没有丝毫懈怠。在讲学的过程中，李颙不断为问学者阐发人人固有的"良"的思想。

在《孟子·尽心上》中曾经说："人之所不学而能者，其良能也；所不虑而知者，其良知也。孩提之童无不知爱其亲者，及其长也，无不知敬其兄也。"孟子提出了"良知""良能"的说法。大致而言，"良知"是人生来自然具有的一种道德意识与道德情感，这种道德意识和情感与后天所处的环境和教育没有关系。"良能"也是人生来自然具有的道德行为，这种道德行为也与后天所处的环境和教育没有关系。

明代时，王守仁充分阐发了孟子这种"不虑而知""不学而能"的观点，提出了"致良知"的思想，即将良知作为人人具有的道德实践准则。有一则故事，颇能表现出王守仁"良知"的内涵与意义。一次王守仁的弟子抓到一个贼，于是就模仿王守仁用"良知"说教育贼改邪归正。但是，讲了半天"良知"，贼不仅不理解，反而大笑，问道："你说了那么多良知，我的良知在哪里，请你帮我找出来。"王守仁的弟子一听，立刻命令贼脱掉衣服，当只剩下一条裤子时，贼再也不愿意脱了。于是，王守仁的弟子就大声对贼喝道："这就是你的良知，你现在可以明白了吧!"在王守仁及其学派看来，每个人都有"良知"，但是由于欲望所致，每个人的良知受到不同程度的遮蔽，所以要"致"，要让良知呈现出来，这样人们的行为也就变得道德了。虽然此时的李颙如何讲"良"，史无记载，但是他的学说是以王学为思想根基，也当与上述王守仁的"致良知"思想相差不远。据史料记载，在蒲城的这十余日，李颙讲学直指人心，令人有醍醐灌顶之感："士绅因感生奋，多所兴起；农商工贾亦环视窃听，精神跃勃。"当李颙离开蒲城时，"士庶拥送罗拜"，甚至有李正等几个人追随到同州才"再拜垂泣而别"。

五月十七日，李颙到达同州户军里，刚刚在当地的白塾安顿下来，乡绅李子燮等便接踵前来问学。在这里，本地士人张珥、李士瑸、马秣、马逢年等以师礼相事问学。据史料记载，张珥，字敦庵。顺治四年（1647）中进士，曾经做过襄陵知县。张珥笃学敦品，虽然年长于李颙，但当李颙初到同州时，便拜投其门下问学。李颙曾向其讲授读书之法、明体达用思想等。李士瑸，字文伯，自号玉山逸史，事亲至孝，善于属文，殚心著述，曾著有《大学正谱》《理学宗言》《玉山集》等，时人有"关中文献"的赞誉。这一年，李士瑸已经七十岁，长李颙二十八岁，但却不以年高为介，师事李颙虚心问学。甚至，在九十岁时，李士瑸仍在研读李颙所著《学髓》，手不释卷，并在昏暗的灯光下以楷书细字抄录成册，用以自警。马秣、马逢年也倍长于李颙，其中马逢年已经七十三岁，长李颙三十一岁。除了本地士人不断前来问学外，邻邑士人也闻风争相前来问学，李颙均一一给予解惑释疑。在同州的日子里，李颙孜孜不倦地讲学弘道，在不知不觉中又过去了二十余天。或许门人和朋友看到李颙每日辛苦疲倦，于心不忍，便建议李颙到附近游览放松几天。

六月初九，李颙在门人和朋友的陪同下游览了广成观。是时，当地学者张襄陵、李淮安闻知前来邀请李颙在观中避暑。虽然六月里骄阳似火，整个广成观像蒸笼般沉闷炎热，但是当地士绅闻知李颙在观中，竟争相造访，拜谒问学的热情丝毫不减。十九日，李颙又去朝邑拜谒韩恭简公祠，并亲自到墓地拜扫。韩恭简公即明代关中著名理学家韩邦奇。韩邦奇（1479~1555），字汝节，号苑洛，陕西朝邑（今陕西大荔）人，性刚直，尚气节，于诸经子史及天文、地理、乐律、术数、兵法之学无不精悉。韩邦奇正德三年（1508）中进士，历吏部员外郎，以疏谕时政，谪为平阳通判；后迁浙江按察佥事，因逢中官采富阳茶鱼，作歌哀之，遂被诬奏怨谤，逮系夺官；嘉靖初，又起为山西参议，后又乞休去；自后屡起屡罢，最后以南兵部尚书致仕。韩邦奇殁后谥"恭简"，著有《易学启蒙意见》《见闻考随录》《禹贡详略》《苑洛集》等著作。之后，李颙又会晤了李楷。李楷（1603~1670），字叔则，号岸翁，学者称之为河滨夫子，陕西朝邑人，明朝天启年间中举人，入清后曾官任江苏宝应知县，但是因其秉性过直而得罪上司被废。李楷善诗文和书法，每当广坐洒酣之时，便令两人张绢素疋纸，悬腕直书，旁若无人。李楷的诗文与李因笃、李柏齐名，康熙年间又曾主纂《陕西通志》，有《河滨全书》百卷行世。李颙与李楷的初次见面在何时何地已不得而知，但在康熙五年（1666）

太守叶承祧曾托李楷延请李颙去重建的关中书院讲学，似乎当时二人已有联系。当然这次会晤也加深了二人的友谊。同日，李颙又拜谒了马二岑先生祠，并寻访其遗集观阅。马二岑即马嗣煜，字元昭，同州人，自幼博学多识，以古学自任，深戒空谈，敦行实修，曾经担任济南通判，兼摄武定州。当新任武定州守上任后，马嗣煜将归济南，武定州百姓号恸挽留，马嗣煜深受感动便留了下来，协助新州守保卫州城。当武定州城被敌军攻陷时，马嗣煜被俘。被俘后，马嗣煜坚守志节，因痛骂敌兵而被害。后来，李颙曾撰写《马二岑先生传》，赞扬说，“关学自冯恭定而后，咸推二岑先生。余自童时，即闻风景慕，深以生不同时为憾”，“至其殉难大节，足以横秋霜而贯白日”。

二十七日，李颙返回白塾，口授其思想的宗旨，这即是白焕彩笔录并定名的《学髓》一文。该文是研究李颙思想主旨的重要文献。张珥在《学髓序》中说：“盩厔李先生之振绝学于关中也。不肖珥耳其名，葵如焉；炙其范，玉如焉，醇如焉；细其论议，穹如渊如焉，奥窔如焉，而复日如月如焉。于烁哉，其殆横渠先生、恭定公后一人耶……《学髓》者，先生口授含章子以切要之旨，而含章子手录者也……始知先生之学以阳明先生之‘致良知’为明本始，以紫阳先生之‘道问学’为做工夫，脉络原自井然……先生独探奥祕，勘破朱陆两氏补偏救弊之苦心，而一以贯之，滴骨之血，一口道尽，有次于斯道，有功于天下万世，岂尠（鲜）小哉!”张珥在序中不仅抒发了自己闻听李颙讲学的深刻感触，认为李颙乃自张载、冯从吾后关学最重要的学者，而且也指出了李颙的思想以王守仁“致良知”明本体，再以朱熹“道问学”为功夫，兼取朱陆，补偏救弊。事实上，李颙的思想根基仍是王学。这也对当时崇尚程朱学说的主流学术界造成了重大的冲击。因此，李颙在东行讲学中，也不免受到信奉程朱学者的指责。诸如当时著名学者王建常（1615~1701，字仲复，号复斋）即对李颙立足于王学颇为不满，认为其学本禅，"今犹有俨然以儒学自命，而学乃流于禅者"。

自四月二十五日离家，李颙在讲学游历中不知不觉已度过两月有余，家中妻儿情况如何也一直让他挂念于心。七月六日，李颙执意西返。临别之时，远近的士人纷纷前来送行。在此期间，李颙不仅以其学识与品行深受同州、蒲城士人的景慕，也与许多学者建立了深厚的友谊。在送行人群中，频频有无法控制住感情潸然泪下者。马仲足在送别之后，感慨道："吾见先生其人矣，式金式玉；吾闻先生之语矣，切性切身。"以金玉比拟李颙的人格与品行，当其再回味李颙的讲学均攸关身心性命，乃是成圣成贤的实用之学。

初八日，过高陵时，李颙前去拜谒泾野祠。泾野即明代著名理学家吕柟。吕柟乃关中大儒，曾讲学于大江南北，门生千余人，一时笃行自好之士多出其门，又著有《泾野子内篇》《泾野集》等。高陵县令许琬闻听李颙在泾野祠内拜祭，分外兴奋，立刻前去迎接。李颙看到祠内墙宇颓毁，黯然痛心，便托请许县令加以修葺，并抚恤吕柟的后人。李颙又前去附近的文塔游览，是时邑绅于尔锡正在大雄宝殿中休息，远远看见李颙，即具衣冠快步前去迎接，一见面便说："此必是鳌屋李先生，不才拟入冬造访，不意邂逅于此，此中大有机缘，殆天作之合也。"或许正是这机缘之故，李颙接受了于尔锡的挽留，夜宿于文塔。是时，泾邑、池阳的士绅们闻听后，立刻纷纷前来问学。其中有一人酷好佛教典籍，也前来请教读书时产生的疑问,李颙也一一作答,凡《楞严》《圆觉》《心经》《坛经》《涅槃》《止观广录》《宗镜录》《大慧中峰》诸语录要旨,及佛教经典中的是非之辨,均为其指出。在解答完之后,李颙又喟然叹说:"吾儒之道,至简至易,至平至实,反而求之,自有所得,故不必借津竺乾,索之无何有之乡,空虚莽荡,究无当于天下国家也。"十五日,李颙才回到家中,先去母亲墓地拜祭告返,然后让门人赵之俊将这两月来东行讲学的见闻整理出来,即现存的《东行述》。

虽然两月来李颙东行讲学受到蒲城、同州等地士人的景慕和欢迎,但是在家乡却存在众多的嫉妒者与仇视者,他们也并不因李颙外出讲学而放弃对李颙的中伤与陷害。李颙的归来,让他们更加躁动不安。是年冬天,这些人开始暗地联络为李颙罗织罪名,并设下圈套,倾力陷害。此时,早就对李颙产生不满的县令马芝也趁机票拘李颙,欲以莫须有的诬陷治以重罪,李颙再度身陷险境。或许是命运的眷顾,时适吴堡县令孙希奭奉孙承泽之命前来问候李颙,并为之解围。孙承泽(1592~1676),字耳北,一作耳伯,号北海,山东益都人,明朝崇祯年间进士,官至刑科都给事中。崇祯十七年(1644)时任四川防御使的孙承泽听说李自成攻克了北京,曾在玉凫堂书架后自缢,被人解救,又与长子跳井,也被人解救。后来,孙承泽降清,曾任大理寺卿、兵部右侍郎、都察院左都御史等职。顺治十年(1653)辞职,结束了他宦海沉浮的生活,修建"退翁亭",自号退翁,不问政事,吟诗赏画,以文会友,著书立说。王弘撰曾赞许其"手不释卷,穷经博古,老而弥笃,近今以来所未有也"。虽然孙承泽已经归隐在家,但是毕竟做过中央的正二品大官,马芝也不过是区区七品知县,岂敢得罪孙承泽,故顺从了孙希奭的请求，不再追究李颙。加之此时票拘李颙的事情已迅速传遍了周边地区，盩厔、武功、眉县三个邻县的众多士人闻听后，纷纷赶到县衙替李颙论理，马芝迫于公愤也不得不收回传票，免去拘留，并让人约李颙到衙内谈话。然而，第二天李颙却洁馆等待马芝的到来，矢志不屈身前往。

虽然在此事发生后，嫉恨李颙者又散播大量的流言，诬陷中伤也不断；但是李颙处之自若，无一言加以申辩。这时，有好心的朋友劝告李颙不要如此坚守志向，过于"迂腐"。李颙则回答说："蒙讪招毁，这在儒者身上是经常会出现的。像北宋时期的程颐曾受诬遭贬，几乎丧命；南宋时的朱熹连连受到攻击，甚至传票也接到过数十通。我也没有听说过他们乱了分寸，放弃了操守。这也就好比是飘风坠瓦，不过听之而已。"也有朋友对李颙说："你胸怀坦荡，不加介怀，然而那些小人却擅长含沙射影，一波未平，另一波又马上兴起。俗话说：'市虎成于三人。'三人都谗言儿子犯法，再贤惠的母亲听了以后都要投杼逃跑，何况其他人不相信那些谗言呢？就此看，那些人的阴险诡计，你还是要多加注意！"

朋友用了"曾母投杼"的典故来劝告李颙。这个典故是讲，孔子的弟子曾参住在鲁国费地，而费地也有一个与曾参同名同姓的人，杀死了一个人。有人跑去告诉曾参的母亲说："曾参杀了人！"曾母听后莞尔一笑，说："我的儿子是不会杀人的。"说完，仍只管织自己的布。过了一会儿，又有人跑来说："曾参杀了人！"曾母还是照常织自己的布。但又过了一会儿，又有人跑过来告诉曾母："曾参杀人了！"此时，曾母再也坐不住了，既紧张又害怕，连忙丢掉织布的梭子，爬墙逃走了。可见，流言的确可畏，谗言多说几遍，便会迷惑人心，使人相信，甚至连至亲的母子都会产生误会，何况长期听到流言的其他人不产生误解呢?！这不能不让人警惕啊！

然而，听到朋友的劝告后，李颙却说："横逆不已，自有子舆氏之家法在!"李颙的回答也化用了孟子的话。《孟子·离娄下》说："君子所以异于人者，以其存心也。君子以仁存心，以礼存心。仁者爱人，有礼者敬人。爱人者，人恒爱之。敬人者，人恒敬之。有人于此，其待我以横逆，则君子必自反也:'我必不仁也，必无礼也，此物奚宜至哉?'其自反而仁矣，自反而有礼矣，其横逆由是也，君子必自反也:'我必不忠。'自反而忠矣，其横逆由是也，君子曰:'此亦妄人也已矣。如此，则与禽兽奚择哉?于禽兽又何难焉!'是故君子有终身之忧，无一朝之患也。"孟子这段话的大意是说，君子与一般人不同的地方在于，他内心所怀的念头不同。君子内心坚守的理念是仁、是礼。仁爱之人会爱别人，礼让之人会尊敬别人。爱别人的人，别人也经常爱他;尊敬别人的人，别人也会经常尊敬他。假定这里有个人，他对我蛮横无理，那君子必定反躬自问:我一定是行不仁之事，一定行无礼之举了吧?不然的话，他怎么会对我这样呢?如果反躬自问的结果是行的仁事，是有礼节的，而那人仍然蛮横无理，君子必定再一次反躬自问:我一定是不忠吧?如果反躬自问的结果是忠的，而那人仍然蛮横无理，此时君子就会说:这人不过是个狂人罢了。这样的狂人和禽兽又有什么区别呢?我对禽兽又有什么可责难的呢?所以君子有终身的忧虑，但没有一朝一夕的祸患。显然，李颙的意思很明确，面对流言，自己始终持守仁爱之心、自我反省的态度。可见，外界的流言不仅无法左右李颙，反而成为李颙修身立德的动力。面对李颙坦荡的胸怀和反躬修持的道德情操，劝告者肃然起敬，作礼而退。显然，与李颙的儒家君子风范相比较，那些嫉妒者、仇视者的行径也愈发显得卑鄙与无耻。

到了康熙八年（1669），虽然李颙以反身自躬的仁爱之道对待久久不能停息的流言，但是这一切都是枉然，嫉妒的凶焰反而愈燃愈旺。面对这种情况，李颙则更加深居简出，多不见客，静心读书。然而，前来拜谒的四方学者却肩摩袂属，纷沓前来，不仅拒之不绝，而且李颙越是委婉地疏远他们，他们越是感到亲切，于是李颙不得已随时随人指点其学问。四月，湖广进士罗诰来访。罗诰，字八书，号东山，顺治间中进士，事亲至孝，曾以母老告归，立志以圣贤为归，精通"五经"，尤其嗜好《周易》。罗诰前来时，恰逢李颙家绝粮，全家已经两日没有吃的了。虽然初次见面二人谈论了很久，也非常投机；但是到了吃饭时间，罗诰还是没有见李颙招待自己用餐，便告别移居到城隍庙。这时候，县令马芝也听说罗诰到了盩厔。或许因为与罗诰是同乡的缘故，马芝便设宴款待罗诰。在席宴的闲谈之中，马芝得知罗诰是前来谒访李颙的，立刻勃然不悦，并极力诟骂诬陷李颙，声色甚厉，甚至对罗诰说："斯人终不得脱我手！"真是想把李颙置之死地而后快，其心险恶如此！罗诰临走时又留书于李颙，而马芝却怒而不报。或许是罗诰感觉到马芝对李颙的嫉恨太深，无法劝解；当然罗诰也无法在盩厔和李颙继续酣畅论学，尤其是探讨《周易》，于是便将所乘的驴子卖掉储备了一些粮食于华阴县（今华阴市）的云台观，邀请李颙前去，这样既能避祸又可以共同论学。面对罗诰的诚挚邀请，李颙也随之前去。但是，刚去不久，李颙便听说自己的姐姐病了，又匆匆返回家中。在母亲去世后，李颙也仅有寡姐一个至亲。姐姐生病时，李颙总是亲自煎药喂食。姐弟情深，灿然可见！幸而，此时至友骆钟麟又自北城转到本郡任司马。面对骆钟麟的到来，虽然李颙的那些嫉恨者怏怏不乐，却又百般无奈，不得不息事宁人。事实上，这种宁息也仅是暂时的，一旦李颙失去外界的帮助，他们便要变本加厉地疯狂反扑。

是年九月，骆钟麟又迁升常州知府，再也无法帮助好友平息身边的祸乱了。和上次一样，李颙也是将骆钟麟送出了鳌屋，而且远送到西安东南的长乐坡。长乐坡在骊山附近，二人便同游了骊山，洗浴闻名天下的温泉。值得注意的是，在洗浴温泉的同时，李颙受到一些启发，发明了"洗心藏密"的思想。事实上，受外界环境的刺激，许多思想家往往会出现瞬息的灵感，进而发明新说。但这些灵感的出现虽然具有偶然性、随机性，但又和思想家平时的思考密不可分。据李颙口授的《读书次第》说："洗心藏密深造，默成其于《易》也，始庶几乎！"可见，李颙所发明的"洗心藏密"思想是他研读《周易》的结晶。再往前追溯，在顺治十四年，李颙三十一岁"悟道"时就认识人的本心是光明澄澈、无念、无杂、无所对应、天趣盎然的"良心"，但是由于人们受外界环境的影响而产生了"念"。"念起"便使"本心"受到遮蔽，显然这次发明的"洗心藏密"说便是针对"念"，作修养功夫，悔过自新。

送走骆钟麟后，李颙又趁这次外出的机会，顺便东游了华山。此时，张珥闻说后，立刻迎接李颙再次东到同州讲学。关于李颙这次讲学的情况，张珥在《识言》中介绍说："兹先生东游太华，因便过珥，窃喜如狂，遂馆先生于家塾，晨夕参究，因获闻所未闻。郡人士亦闻风争造，咸质所疑，先生随资开发，谆恳不倦。其接人有数等，中年以后，惟教以返观默识，潜心性命；中年以前，则殷殷以明体适用为言。大约谓：'明体而不适用，失之腐；适用而不明体，失之霸。腐与霸，非所以言学也。'"李颙前来讲学，让张珥窃喜若狂，安排李颙住在自己的学塾中，以便能朝夕相伴，时时问学。如同李颙初次到同州般，当地士人也闻风造访，每日络绎不绝，李颙均随资讲学，乐此不倦。尤其应注意的是，李颙在张珥的请求下为门人列举了反映"明体适用"思想的书籍。其中"明体"类书籍为《象山集》《阳明集》《龙溪集》《近溪集》《慈湖集》《白沙集》《二程全书》《朱子语类大全》《吴康斋集》《薛敬轩读书录》《胡敬斋集》《罗整庵困知记》《吕泾野语录》《冯少墟集》等；"适用"类书籍则为《大学衍义》《衍义补》《文献通考》《吕氏实政录》《衡门芹》《经世石画》《经世絜要》《武备志》《经世八编》《资治通鉴纲目大全》《大明会典》《历代名臣奏议》《律令》《农政全书》《水利全书》《泰西水法》《地理险要》等。"明体"与"适用"的结合，克服了晚明以来的空疏学风，使儒家形上的道德本体能切实地贯注下落于现实事务之中，从而康济时艰。这也是李颙最成熟的思想展现。直到这一年的仲冬时期，李颙才结束同州的讲学，西返盩厔。临别之时，白焕彩、王化泰、党湛、马械士等人送李颙出了同州后，方依依惜别。

第4章

南行招魂

一、襄城招魂　泪尽血继

　　从同州回来后，李颙在闭门读书的同时也不时与友人论学。转眼间，到了次年（康熙九年，1670）的十月十六日，李颙开始他人生中极为重要的一件事情——远赴襄阳为父亲招魂。父亲早逝，生时李颙不能赡养，这让持守儒家孝道的李颙心中十分内疚，反映在他的文章中则是以"多惭夫"自称。在中国古代社会中，人们往往认为，旅人客死在他乡，灵魂离开了肉体，但是这些魂魄却找不到归途，也会像自己的尸体一样客留于异乡，受着无穷无尽的痛苦，既无法享受香烟的奉祀，也享受不了食物的供养。若想让这些孤魂摆脱凄惨的境况，必须由他的家人替他招魂，让他循声音回归故里。李颙的父亲李可从于崇祯十五年（1642）殉身于襄城，至今已经有二十九年。李可从离别前曾抉一枚牙齿留给李颙的母亲，当李母去世时，李颙将母亲与牙齿合葬，这也是后人所称的"齿冢"。

远赴襄城为父招魂，可以说是李颙的夙愿。正如其在《与襄城令东峰张公书》中所说："彼时徒以孀母在堂，不敢违离，兼之艰窘万状，不能远出，致父羁魂异乡，无所栖依，霜晨雨夕，走磷飞萤，颙茹痛疚心，三十年于兹矣。往岁颙母病故，三年服阕，特匍匐兹土，期招父魂。"过去因母亲年迈多病无法成行，现在母亲已经去世，且三年服丧毕，李颙方决定实现这长久的心愿，便向乡人借了一些钱，开始了为父招魂之行。

　　直到次月的初七日，李颙徒步千余里到达了襄城。第二天李颙便作了一篇《祭父文》，其中说："呜呼，我父弃儿母子，从征兹土，殉于王事，实甘厥苦。所恨儿以母在之故，不能收骨归葬，速返故土，以致尊灵泣风濡露，漂泊异域者三十年于兹。哀哀此情，儿罪何赎？今敬陈薄奠，伏望我父之魂，赦儿往愆，怜其积诚，依儿还乡，用慰终天。"语言之中无不透露出李颙的内疚自责之情，又企望能够迅速将父亲的骸骨找到，带回家乡与母亲合葬。然而，自李可从牺牲已三十年过去了，李颙面对着这一片古战场，不由得潸然泣下，曾几何时自己的父亲在这里纵马驰骋，血溅沙场，以身殉国。岁月流年，沧海桑田，现在的襄城早已抹去了昔日的沧桑，金戈铁马之声也早已消逝得无踪影！又如何去寻找父亲的遗骨？李颙首先想到的是寻访父亲曾经住过的地方，于是请求当地人帮助指引。然而，过去的驻军之处早已数易主人，也无法找到当时的居民了。面对此种情况，李颙开始了艰难的寻访活动。然而，当李颙走遍了整个襄城也没找到一丝线索。无奈之下，李颙只好身穿丧服在城郊的城隍庙中祈祷："呜呼，惟尔神明，允作兹土之主。凡在幽冥，咸厥攸司。兹有颙父某于崇祯十五年二月十七日，从征襄邑，殉命王事，旅魂漂泊，久羁于此。叩祈神明开牖父灵，随儿还乡，无俾迷恋长留异地。惟尔有神，尚克相之。"在郊野残庙中，李颙泪流满面地朗诵祭辞，想到尚未找到父亲的骸骨，李颙更是心痛如绞，昼夜痛哭，泪尽继以血，以致路过的人们频频驻足感叹不已。

城隍庙有孝子招魂之事很快传遍了整个襄城，襄城令张公允听说后也赶来劝慰。当张公允得知面前的是闻名关中的大学者李颙时，十分惊讶，便打算立刻奉迎李颙进城。而李颙则以尽孝斋戒为由，婉言谢绝，仍继续住在破落的城隍庙中。张公允受其感动也于当天沐浴斋戒，作了一篇祷文，其中说："伏念昔时王少元于野中白骨，得父齿以葬；史五常入广求父椁，号泣吁天，竟获骸骨。此固两人至性足以格天，实神明之昭赫显灵，不忍孝子湮没无闻，抱终天之恨于无己也。李子至性不减昔人，而阐明绝学，尤为主持名教之身，神其鉴此一念而谆谆来告耶。"

张公允在文章中一连引用了两个典故来烘托李颙的招魂之举。一则是王少元滴血寻父骨的故事。王少元是唐朝人，是个遗腹子。父亲为乱兵所害，后被弃尸荒野。当王少元长到十几岁时，得知了父亲被害的真相后，便决定将父亲的遗骸寻回来重新安葬。然而，王少元不仅没有见过父亲，更不用说在战乱十余年之后于众多的荒冢白骨中将父亲的尸骨找出。后来，他听说一种验定的方法，就是将自己的血滴进死人的骨头，如果是亲子关系，血液便会渗入骨头里去；如果不是，血液就渗不进去。虽然以现代科学的眼光看，这种方法未必具有科学性，但那时的人们却信以为真，王少元自然也不例外，坚持用荒冢残骨去试验。王少元戳破自己的肌肤，用鲜血逐一去滴荒冢中的白骨。一连十天，王少元的全身布满了大大小小的血口，鲜血遍滴整个荒冢的白骨，最终寻找到一具枯骨，将他的血深深地吸了进去。王少元认定这即是他父亲的骨骸，便带回重新安葬。另一则是史五常入广求父榇的典故。史五常是明朝人。他的父亲史萱，在当广东佥事时去世了，埋葬于广东南海的和光寺旁。当时，史五常才七岁，母亲便带他回到家乡。等史五常长大后，常常内疚自己没能去将父亲的棺椁迎回。史母便告诉他说："你父亲的棺材是用杉木做的，里面放了十个大钱，要牢牢记住！"在史母去世后，史五常守孝期满。而此时距离史父去世已经有五十年了，史五常毅然决定到南海的和光寺迎回父亲的棺椁重新安葬。然而，当史五常到了南海之后，发现和光寺早就被水淹没了。但是史五常并没有灰心，在当地老人的指示下，勘察到寺址，找到了父亲的棺椁，里面果然如母亲所说的那样放了十个大钱。于是，史五常扶棺回乡，并将其与母亲合葬。在张公允看来，过去王少元、史五常寻找父骨归葬故里的孝亲之举，为一时佳话，流芳后世；而今日的李颙前来为父招魂也与王、史类似，感人至深，何况李颙笃信儒家礼教，其行为本身也是在力行儒家孝道。

又过了三天，李颙在父亲曾经住过的地方摆设灵位，祭祀招魂。又因为李可从在出征之时，李颙仅有乳名，在招魂时李颙便自呼乳名相告，周围的听众莫不被其所感动，潸然泪下。后人曾写诗赞叹说："世亦谁无死，乾坤重此身。行人识孝子，道路说忠臣。赑屃丰碑古，云烟野冢春。相怜生意气，碧血不腥尘。"当招魂仪式完毕后，李颙正预备归返。这时已任常州知府的骆钟麟却遣人过来，想延请李颙到江南讲学。李颙打算不再过去，而深受李颙行为所感动的襄城的官绅与士人们正预备为包括李可从在内的当年牺牲于襄城的烈士建祠起冢，以告慰李颙的孝思之心，而建祠至少需要一两个月的时间。鉴于这种情况，李颙考虑到在襄城也无事可做便应允前去讲学。

二、会友别行　倡道江南

康熙九年（1670）十月二十五日傍晚，李颙到达了南京附近的六合县（今六合区）。因天色已晚，便在六合县城南郊的一家客店住了下来。李颙一进入客店，客店主人刘安石便被李颙的气貌所吸引，他在与李颙寥寥数语的交谈后，对李颙钦佩不已。刘安石虽是回族人，但嗜好儒学，于是他迅速向当地几位回族掌教学者介绍李颙，并赞誉说："客学渊源，洞天人之蕴者也！"听到刘安石如此的赞誉，大家立刻前来拜谒李颙，并邀请李颙一同游览附近的礼拜寺。

事实上，明末清初之际在南京地区聚集了许多回族百姓，而且其中不乏一些士人接受过良好的儒家文化教育而被称为"回儒"。回儒们为了避免伊斯兰教像以往的祆教、摩尼教一样因固守教义而逐渐在中国消亡的命运，注重在伊斯兰教义中吸收中国固有的儒家思想，并尽量地去弥合二者出现的冲突，通过革旧布新，适时地发展伊斯兰教。据史料记载，这一时期南京地区的伊斯兰教十分兴盛，不仅出现了王涯（字岱舆，别号真回老人）、刘智（约1660～约1730，字介廉，晚号一斋）、伍遵契（约1598～1698，字子先）、马注（1640～1711，字文炳，号仲修，晚号指南老人）等著名的回儒，被称为"金陵学派"，而且建立了一些伊斯兰寺院，每周都有许多信徒到固定的寺院参加宗教活动。这次李颙所接触的刘安石等人或为此类回儒。一进入礼拜寺，众人便进行"拜天"的仪式。李颙留意到有些人在"拜天"时敷衍的态度，便说："事天之实，在念念存天理，言言循天理，事事合天理。小心翼翼，时顾天命，此方是真能事天；若徒以礼拜勤渠为敬天，末矣！"李颙从儒家的观念告诫大家，祭祀时要持有虔敬的态度，不能流于形式，就像《论语·八佾》所记载："祭如在，祭神如神在。子曰：'吾不与祭，如不祭。'"祭祀祖先就应如同祖先真在那里，祭祀神灵就要如同神灵真在那里。如果自己不亲自参加祭祀，由别人代祭那就如同不祭祀一样。对待祭祀，儒家学者往往持着一种虔诚的态度，这也是祭祀本身要求所致。所以李颙又进一步指出祭祀天在于遵循天理，信顾天命，而不是拘泥于以"礼拜"为周期的形式。的确，李颙的话切中了刘安石等人在祭祀中潜藏的弊病，如醍醐灌顶般让他们认识到祭祀形式的重要性，令他们惊愕不已，于是更加虔诚地向李颙请教，乃至彻夜方散。

二十七日，李颙一到扬州，便去拜谒范文正公祠。范文正公即范仲淹（989～1052），字希文，谥号"文正"，乃北宋著名的政治家、文学家。北宋天禧年间，范仲淹曾在当时隶属于扬州的泰州做过盐官，并奏请修筑长堤抵御海潮，保护民田，长堤之上又遍植垂柳以固堤身。在夏秋之际，烟雨迷蒙中的长堤别样美丽，宛若一幅水墨山水画。范仲淹为官清正，爱民如子，深得当地百姓的爱戴，该堤也被后人称为"范堤烟柳"。到了景祐年间，范仲淹曾因讥刺宰相吕夷简不能选贤任能，被贬饶州。然而，自开封落职远去饶州，要经过十余个州府，其间竟然没有一个州府官员出迎。唯有经过扬州时，时任扬州知府的陈执中率僚属迎送慰劳甚勤。范仲淹与扬州故有了特殊的机缘和感情，扬州百姓为他建祠纪念也在情理之中。

据史料记载，李颙进入祠中时，看见一位长眉皓髯的道士正向一群人谈玄论道。道士见李颙进来，以为李颙也是前来学习道教道术的，便问道："亦好此道乎?"李颙笑着回答："日用常行之谓道。吾性自降衷以来，五德俱足，万善咸备。率性而行，自然爱亲敬长。保此不失，自然君臣有义，父子有亲，夫妇有别，朋友有信。惟其自然，所以为天下之达道，切于人身日用之间，无一时一刻而可离，岂非常行之道乎? 若夫服养以炼形，结胎图冲举，违天地常经，乖人生伦纪，虽自谓'玄之又玄'，却非'可道'之道乎?"显然，李颙不喜好道教玄之又玄的道术，而认为儒家关乎性命、人伦的日用常行之道才是达道。在许多儒家学者看来，人天然具有善性，具备仁义礼智信五种德性，所以能于生活中自然地呈现出道德意识，表现出爱亲敬长的道德行为，由此衍生出君臣有义、父子有亲、夫妇有别、朋友有信等日常行为。而道教所说的凭借服养来炼形、凝神而结胎之道，则违背了天地自然的准则和人们生活中的伦理纲纪，这种"玄之又玄"的道并不是可称道的人间正道。众人听李颙一说，跃然而起，而道士则一脸严肃，很不高兴地说："此中庸之道也。"

到了十二月初一日，李颙经历了二十余天的长途跋涉来到常州。初到江南，虽然李颙身着薄衣，但丝毫也没有清冷寂寞的感觉，更没有在家乡时战栗抖擞、凄然度日的境况，而是充满了喜悦与希望。骆钟麟早已在常州郊外迎候等待。最初，骆钟麟在府衙旁边为李颙准备了一处住所，这也方便自己经常前去问学请教。但是，后来又考虑到李颙平时不喜欢喧闹，便延请李颙住在城南安静闲适的龙兴禅院。在常州人看来，李颙的到来颇令人惊奇：身穿着单薄破旧又与时节极不相称的衣服却安闲自得，尤其是其被知府大人专程派人从远方请来，受到不寻常的优厚招待。渐渐的，人们了解到李颙其人其学，前来问学的人逐日增多，以致小小的龙兴禅院门庭若市，人流不息。问学之人也很杂，不仅有当地与周围地区的名儒、士人，也有一些官宦、乡绅，甚至还有些许僧道、商农等。这些人往往是一开口，李颙立刻便明白所问何指，即根据每个人天生禀赋的深浅，径直解疑答惑。据史料记载，李颙的讲学在常州引起了极大的轰动："自是争相请益，所寓至不能容，郡人诧为江左百年来未有之盛事！"甚至，当地著名的老学者吴光感叹说："斯道晦塞极矣，今日之盛，殆天意也！"吴光把李颙讲学常州之事，视为是上苍的恩赐，并认为李颙的讲学将过去一直处于晦塞中的儒家大道一下子给彰显了。

关于李颙在常州的讲学，骆钟麟曾记录为《匡时要务》一文，并亲自作序说："嘉平月，空谷足音，跫然及我，首以移风易俗、明学术见勉，以为是匡时第一要务。大约谓：天下治乱，由于人心之邪正；人心邪正，由于学术之明晦；学术明晦，更由当事之好尚。更历引王阳明、冯少墟诸先达为鉴，诚以居高而呼，牖民孔易，斯实风化之标准，致治之枢机，位育参赞之大关头也。"骆钟麟的记载当是细致翔实的。事实上，早在这一年的春天，李颙从同州返回盩厔不久，便深感时务的纷乱，对友人谈起了治乱、人心与学术三方面之间的关系问题。他说："治乱生于人心，人心不正，则致治无由；学术不明，则人心不正。故今日急务，莫先于明学术，以提醒天下之人心。"李颙认为，天下治乱的根本在于人心的邪正与否，而提倡学术的目的就是要提醒天下人之心，使其去邪归正。有了这样的看法，李颙自此之后再也不谈经济之事，只与朋友、门人谈论为己、为人之学。因此，在李颙这次的南行讲学中，自然而然地明确提出匡明时局的第一要务在于昌明学术，救治人心，移风易俗。李颙的这一看法在当时是非常有卓见的。当时的许多思想家都在大谈特谈经济之学，大谈如何重视事功，离开事功就是无用之学，但是真正有系统理论支撑的则寥寥无几。即便像颜元那样的大学者，虽然也常常将先秦儒家的一些德目挂在口边，但又不去从根源上、心灵上把握先秦以来，尤其在宋明儒家学者那里挺立出的德性生命。李颙则不同，将拯救人心、安顿身心作为社会治乱的根本，这就从内在的根源处把握住了时代病症：如果人心正了、身心安顿了，一切的外在事功、外在德目也自然会成就了，社会也自然会安定。李颙是在为世人寻找一剂身心安顿的良方，这也是他讲学的目的所在。

到了正月初九，李颙来常州已有一个多月。这一天，李颙前去拜谒唐襄文公荆州祠。唐襄文公即唐顺之（1507～1561），字应德，武进（今属常州）人，乃明代著名的文学家、军事家，因爱好荆溪山川，故号荆川。唐顺之于明嘉靖八年（1529）中进士，礼部会试第一，曾任翰林院编修、兵部主事等职，后告病还乡，闭门读书二十年，于"六经"、《百子史氏》、《国朝故典律例》等典籍无不专研。此外，唐顺之还学习射学、算学、天文律历、山川地志、兵法战阵等，甚至向他人请教枪法，于刀枪骑射等也无不娴熟。相传著名抗倭将军戚继光和俞大猷都跟他学过枪法。嘉靖初年，唐顺之即与王慎中被视为古文运动的代表，并称为"王唐"，后来又与归有光、王慎中三人合称为"嘉靖三大家"，后人也把王、唐、归三人与宋濂、王守仁、方孝孺并称为"明六大家"。在五十一岁时，唐顺之又被起用，亲督明军阻击倭寇，屡建奇功，后因久居军中，积劳成疾，在赴任凤阳巡抚任的途中因病去世。像唐顺之这样满腹经纶，又具有治国安邦、雄才伟略的学者，李颙当然不会错过拜谒其祠的机会。唐顺之的后人唐宇昭、唐宇量也曾数次前去禅院向李颙问学，并相交为友。二唐为唐顺之的曾孙，均是明末清初时著名的画家。在明亡后以家世累代忠于明朝，不愿剃发降清，隐逸求志。他们先是藏匿于一家学官中，后又躲避于一处地窖里，但是，仍然没有逃脱清兵的搜查。在住处遭到查封后，他们不得不隐匿伏走于乡间草丛之间。自此，唐氏兄弟也废弃笔砚，以"懒云道人"自称，并在唐顺之的墓侧挖了一个生圹（寿坟），淹处其中，时人称之为"唐氏二难"。这次李颙来拜谒荆州祠，唐氏兄弟异常高兴，并召集一些朋友会聚于祠内，问学聊谈，甚是投机。

十一日，骆钟麟又和常州别驾张榜一起邀请李颙南去苏州游览虎丘。同样，李颙的到来也令苏州的许多乡绅士人十分兴奋，问学者络绎不绝，使李颙一连在苏州住了三天才得以返回。也正在这时候，骆钟麟突然接到了母亲去世的消息，甚是悲痛。李颙在前去吊唁后，便打算于二十日返回襄城，以便不再打扰老友。但当常州的士人们听说李颙欲西返的消息后，又纷纷上书骆钟麟极力邀请李颙在府庠的明伦堂与武进邑庠的明伦堂公开会讲之后再回。面对众多士人的诚恳请求，李颙深为感动并应允了。会讲当日，参加者竟然达到千余人，盛况空前。这次会讲的内容由跟随听讲的李颙门人吴发祥、陆士楷记录为《两庠汇语》。王迈在《两庠汇语》的序言中说："关中二曲先生力学多年，毅然以斯道为己任……太府骆公命传集多士于明伦堂汇讲。先生之言，以正心术、励躬行为要，而下手处在静则涵养、动则省察。一时缙绅及弟子环堵而听，犹聋者忽闻钟鼓之声，盲者忽睹五彩之华也，无不欢欣畅悦，如梦斯觉……兰陵陆生，笃信人也，随录其言，付之剞劂，由此刊布海内，共知正心术、励躬行为入门第一义，将见斯道如日月之经天焉，江河之行地焉。先生之言在一时，先生之功在万世，不甚宏巨也哉！"的确！李颙的讲学给处在学术混乱、人心邪佞时局中的士人学子、官绅大夫提供了一剂学术良方，其言论如同黄钟大吕般提撕人心，振聋发聩。

李颙在常州、苏州两地讲学之事也迅速地传到两地之间的无锡。正月二十七日，李颙刚刚结束两庠的会讲，再次准备西返时，无锡知县吴兴祚与县学教谕郝毓崟便赶来迎奉李颙到无锡讲学。面对二人的诚恳邀请，李颙又不得不推迟西返，随二人来到无锡。到无锡后，李颙先去拜谒奉祀孔子的文庙，然后立即去拜谒高忠宪公祠。高忠宪公即高攀龙（1562~1626），初字云从，更字存之，别号景逸，无锡人，乃明代著名的儒家学者。高攀龙万历十七年（1589）中进士，授行人之职，后因上疏评论辅臣王锡爵等，被贬任广东揭阳县典史。在万历二十三年时，高攀龙又被罢归无锡老家，自此，于东林书院讲学近三十年。高攀龙讲学立说，关心时事，议论朝政，成为东林党的主要领袖，与顾宪成并称"高顾"。天启六年（1626），顾宪成遭到魏忠贤党羽的诬陷，高攀龙自知无法避免，更不愿受其辱，从容投池而死。像高攀龙这样的忠臣大儒也正是李颙所敬仰的榜样。据《东林书院会语》记载，李颙在少年时期读到明代天启年间的事迹时，便"雅慕高忠宪公之风节"，并且日后每遇到江南人便向其打听高攀龙的事迹及其著作，但是一直无所得，"耿耿于衷，盖有年矣"。这次来到无锡，拜谒高攀龙祠，寻访高攀龙的事迹与著作当然也可以实现李颙多年前的夙愿。第二天，吴兴祚、郝毓崟便请李颙到明伦堂开讲，当地的士绅学子纷纷云集听讲问学。李颙这次所讲的内容，被门人徐超、张濬生录为《锡山语要》。据《锡山语要》记载，这次李颙讲学也是"因病发药，随说随扫"，针对不同的人、不同的问学给予相应的解答。二月初四日，高攀龙的侄子前学宪高世泰与当地的一些名儒又延请李颙到东林书院参加当地学者的会讲。关于这次会讲，因为谈论的内容很多，难以详细记录，现存的《东林书院会语》也仅保存了李颙与高世泰的一些谈话。初六日，当地学者秦松龄又遣弟弟秦松岱和一些学子延请李颙到淮海祠讲学。淮海祠祭奉的是宋代著名词人秦观。秦观（1049~1100），字少游，一字太虚，号淮海居士。秦观的儿子秦湛在任常州通判时，将秦观的棺柩迁葬于无锡。秦氏兄弟为秦观的后人。这次讲学被秦松岱记录为《梁溪应求录》。李颙在东林书院、淮海祠的讲学给无锡的士人们留下了深刻的印象，李颙的言论往往令他们折服、赞叹不已。在李颙讲学之后，学者陈世祉饱含热情地写了《赋赠关中李二曲先生并叙》，其中说：

太华峰高高插天，巨灵掌劈莲华悬。

月岩龙岭倒空碧，谁能独立挥云烟？

遐哉横渠古张子，《西铭》透辟乾坤理。

后起冯公日少墟，渊源直接闽江水。

年来绝学付狂澜，砥柱何人耐岁寒？

纷纷功利争谈道，汩汩词章侈流言。

何意先生从岳降，千仞丹崖开晓绛。

读书好读朱与王，尽扫支离还浩荡。

二十年前旧草庐，一心奉母乐于于。

和靖几曾规利禄，白沙非是爱闲居。

幽人高卧千山曲，明月梅花春草绿。

不知轩盖访崇阿，三代高风此堪续。

古人几见骆明府，拜道横经在环堵。

黄金白璧等浮埃，麦饭葱汤式歌舞。

五马南来忆盖公，蒲轮迎向渭河东。

直下龙城过蓉水，东林会语开群蒙。

清襟雅量曾无比，淮海祠中风日美。

倾昆倒峡胡足奇，鸾翔凤翥群钦只。

指点心源最超豁，依稀口耳非真学。

止水虔参忠宪公，遗书相印心如昨。

归来石屋称高子，洛闽宗传本如此。

拂衣去看大江春，春江万里浩无尘。

一介不轻莘野志，三公莫换柳禽心。

吁嗟世网何拘束，未得从游怅空谷。

何时立雪华山傍，学参子半观初复。

在这首长诗中，陈世祉频频以历史人物或典故烘托李颙及其事迹。他认为，李颙是关中继张载、冯从吾之后的能弘扬儒学、传续道统的杰出学者，不仅勤奋研读朱熹、王守仁等学者的著作，而且能融会贯通，阐发新说，且长期隐居乡里，侍母读书，早已捐弃了外在的功名利禄，甘于淡泊，悠然自得，故诗中引用典故说："一介不轻莘野志，三公莫换柳禽心。"《孟子·万章上》中说："伊尹耕于有莘之野。"汉代赵岐注："有莘，国名。伊尹初隐之时，耕于有莘之国。"所以后人以"莘野"指隐居之所。"柳禽心"则展示了一幅美妙的图景：清澈的小河边翠柳倒垂，枝条随风飘荡；而此时又有几只白鹅从远方游来，它们边划水边无拘无束地嬉戏，这一切是那么地悠然闲适，舒畅自得。显然，这样的人生境界非李颙这样的知天乐命、领悟儒家人生真理的大学者所不能拥有的。也正是如此，陈世祉也说"和靖几曾规利禄，白沙非是爱闲居"，将李颙与宋代著名理学家尹焞（字彦明，曾被宋钦宗赐号为"和靖处士"，学者因称其为"和靖先生"）和明代著名理学家陈献章（1428~1500，字公甫，号石斋，又号碧玉老人，新会白沙人，世称白沙先生）相比较，认为李颙的涵养与志向要超逾二位大学者。诗中又说"五马南来忆盖公"，这也是化用了两处典故。"五马"原本指在西晋亡后，晋元帝司马睿偕西阳、汝南、南顿、彭城四王南渡，在建康（今南京）建立东晋王朝，做了皇帝。当时童谣传播说："五马浮渡江，一马化为龙。""盖公"即西汉时期传授相国曹参治国策略的胶西盖公。王安石曾在《祭范颍州文》中说："盖公之才，犹不尽试。"将范仲淹比拟为盖公。显然，陈世祉在此诗中也喻指李颙如范仲淹般，弘扬儒家文化，承继儒家道统，其学拯救人心，能为混乱的社会提供治世良方，其功绩不下盖公。

李颙在东林书院、淮海祠讲学的消息也迅速传播到无锡的周边地区，江阴、靖江、宜兴等地的官绅士人也纷纷前来延请李颙前去讲学。从初九到十五日，短短的六天时间里，在强烈弘道意识的支撑下，李颙不辞劳苦逐一前往讲学。目前，这些讲学的内容多已散佚，仅有在靖江的讲学被门人记录为《靖江语要》而保存下来。当然，李颙的讲学也如在其他地方一样，引起了重大的反响，以至于一些士人在李颙讲学之后仍不断地追随问学。诸如，在靖江讲学时，当地七十余岁的老学者邹隆祚聆听过以后，即向朋友感叹说："痛切醒快，言言血脉，真学人指南，不可以失。"并且等大家都退后，他又前去请教，并将自己所著的《三教貌》呈送给李颙指正。李颙看后，微笑着说："三教貌，貌也，三教之神，非貌所能貌也。即貌其神而一一毕肖，于自己安身立命何关？翁年逾古稀，此非所急，盍于当急是急乎？"李颙指出，《三教貌》虽能将三教形象地揭示，但是与个人的安身立命并没有多少关联，而安身立命恰是当务之急。显然，李颙的话切中这本著作的要害，这令邹隆祚肃然起敬，并拜请李颙指点迷津。此外，延请李颙前去讲学的当事者及其他官绅士人深感李颙的讲学极大裨益于地方，准备了礼物与钱币作为答谢，李颙则一概回绝。大家见状，便劝说道："交以道，接以礼，虽孔子亦受。"李颙听后笑着谢答说："仆非孔子，况孔子家法，吾人不效者多矣，岂可偏效其取财一事？"在李颙看来，讲学并非为世俗财物，而在于弘扬学术，拯救人心，昌明儒家正道。

经过连日来的讲学，到了二月十八日这一天，李颙的身体再也吃不消了，只好回到龙兴禅院谢客休养，只有几位熟悉的学者门人被允许进入探视。即便如此，前来探视的人仍络绎不绝，而李颙的病情却是不断加重，门人吴发祥则带领其弟吴发育、儿子吴英武昼夜侍候。据李颙所撰《吴义士传》知，吴发祥，字潜长，毗陵（今常州）人，生性端谨，读书能过目不忘，在清初之际隐居讲学，不为空谈之事。李颙到常州之后，吴发祥便前去拜见李颙，并执弟子礼。在李颙生病期间，吴发祥积极延请医生，问诊调适，而且每次煎好药后，必先亲尝之后方送给李颙。在吴发祥和其他门人、朋友的照顾之下，李颙的病情逐渐好转，能时而走出龙兴禅院在周围散步。三月三日那天，李颙接见了杭州和尚素怀。李颙在苏州虎丘讲学时，恰被素怀所遇到。自从听了李颙的讲学之后，素怀深受启发，便一路跟随李颙到了龙兴禅院，并借住于李颙住所的旁边，时时暗自偷听李颙与门人、朋友的谈话，久之，钦佩至极，感叹说："生平遍参名宿，至此方获闻韶，言言透顶，语语当机。儒由之固足尽性至命，释由之未始不可明心见性。老僧从此佩先生大中至正之训，不敢于日用平常外别涉荒幻矣。"显然，素怀从内心深处被李颙的言行所折服，并对儒家尽性至命、明心见性的思想有了较深入的理解，以至于能辨析出佛教的不足。在被李颙接见后，素怀喜出望外，第二天早晨，素怀便向李颙告别，并请求李颙为自己题字留念。但是，李颙素来坚持不和佛、道学者结缘，只好在婉言谢绝的同时，将门人陆士楷手录的自己讲学言论——《传心录》相赠。

《传心录》集中收录了李颙论述"良心""本心"的言论。正如陆士楷在序中说："人之所以为人，以其有是心也；心之所以为心，以其虚灵不昧，备'四端'而兼万善也。无人不具，无时不然，推之南海、北海，千万世之下，无弗同也。"在陆士楷看来，《传心录》乃是阐述人人皆有一个灵虚不昧的本心，包括仁、义、礼、智等各种德性均源于此本心。领悟彰显这个本心、立心、治心也就是李颙学术的主要内容。显然，这个"治心"和佛教论"空"的主旨是不同的，以此来赠予素怀，或许包含着李颙的劝诫之意。

自去年十二月初一离开襄城，已有三个月，为父亲襄城招魂的事情也无时不牵挂于李颙的心头，在感到病情已经无大碍后，李颙便告知门人与朋友，近日便要返回襄城。当消息传出后，尚在服丧期间的骆钟麟与当地的士人竭力加以挽留。李颙以"久违先陇，痛切于心"为由婉言谢绝。三月六日，李颙起程，当地的进士岳宏誉撰文纪念此事。文章说："鳌屋李先生之来毗陵也，毗陵之人从之者如归市。是何毗陵之人问道之速，而向道之笃乎？抑先生之德，有以入人之深，而闻声响应不介以孚也？……今先生行矣，有出郭而送先生者，有裹粮买舟而送于数十里外或百里之外者，有牵衣泣下不忍别去者，有愿随至关中受业者，非先生之德，果有以入人之深而能至此耶？"李颙江南讲学总共有三个月零六天，其中在常州有两个月，往来于无锡、江阴、靖江等地有一个月。在短短的日子里，李颙与江南的士绅结下了深厚的友谊，并以其学识与德行赢得了他们的衷心爱戴与拥护。临别之际，众人依依惜别之情感人至深！从初六出行到初七，仍有众多的朋友相送不已。李颙见状，不得不力辞劝阻，泪别而散，但是，仍有个别门人与朋友不忍离去，又继续送行。八十岁的陆孝标则带着儿子陆士楷、甥孙张濬生，亲自划船相送到靠近镇江的丹阳，方伤心告别。吴发祥则是追随过了京口（今镇江市），渡过长江、瓜洲（今扬州市邗江区），到达维扬（今扬州市维扬区）后，才依依不舍地为李颙作了幅画像，悲伤拜别。返回常州后，吴发祥则卖掉田产，和一些志同道合的学者建立了延陵书院，将李颙的画像安奉其中，遵照李颙的往日教规讲学。

三月二十五日，李颙到达了襄城。而这时候在襄城令张公允的带领下为李可从等阵亡襄城的将士们建立的新祠已经竣工。新祠建在襄城的南郊。面对祠庙，李颙百感交集，痛哭祭奠，大声祈祷："盖尝祝于父，愿以五千国殇魂同返关中故也。"这一天的晚上，李颙斋戒沐浴后，又住在先前的城隍庙中。夜半时分，新祠内的工人尚没有休息，突然天气大变，顿时出现某种异象。据记载，李颙"将归前一夕，邑之襄事于祠者凡数十人，忽闻鬼声号泣，凄怆悲凉，沁人肌骨，共骇异焉，而缩舌不敢吐。诸工役中有一人强出数语，妥其灵，乃止！"事实上，据唐献珣的《襄城记异跋》记载，在三月前的除夕夜，李颙寓住于龙兴禅院为父亲的亡灵哭泣时，突起寒风将悲声传送很远。当时唐献珣听到后，便叹息说："此必孝子也！"果然，当唐献珣过去探访时，知道了这是李颙在哭祭父亲。这类记载虽然不乏是对突发天气现象的联想，但在当时人看来是极为奇异的事件，甚至有人认为这是"信吾翁之声，隐君感通之大孝也；谓此声为五千人之声，隐君锡类之至仁也。如在其上，如在左右，总之由隐君而发也"。在他们看来，乃是李颙的诚心感动了苍天，李颙的孝思与父亲的灵魂相感通了，与战死于襄城的五千将士的灵魂相感通了。当第二天人们还在纷纷议论昨晚的事情时，李颙则在新祠下捧取冢土一抔，谢别襄城的官绅士人，招魂西归盩厔故里。走到华阴时，李颙又设五千游魂牌，告祭神灵，让这些游魂各回自己的家乡，让父亲的游魂跟随自己回家。

四月初四日，李颙返至家乡。是时，春风早已唤醒了盩厔的山川大地，山水包围的盩厔焕然添上了绿色的新装。李颙回到家乡，多年的夙愿也终于得以完成，心情甚为舒畅，仿佛如同大自然一般欣欣向荣，充满着活力。李颙立刻选择吉日，将从襄城所捧回的冢土附在父亲的齿冢里，并率领家人穿戴孝服，祭祀安魂。

虽然李颙已经返回盩厔，但是李颙在襄城的招魂之事仍让襄城人将关注的焦点再次转向了早已淹没于历史中的襄城烈士。当地士人刘宗洙捐出了自家的田地，为李可从、孙兆禄二人筑土为坟，题为"双忠墓"。其弟刘宗泗又在新坟前设立墓道，广植松、柏等树木，以致蔚然成林，邑令张允中又为之题表为"义林"。在今天的《二曲集》中就保存了三十余篇（首）赞咏义林的诗文。诸如其中说："朝廷思猛士，意在爱生成。骨以壮心重，身鰋报主轻。丈夫别有愿，男子不求名。莫洒千秋泪，天地本忘情。""三秦饶壮士，用以固封疆。剑景春云冷，杀声夜月黄。人缘无大志，天不佑岩廊。游骑经行地，深怜古战场。""千里驰天马，胆令逆贼寒。山河凭画戟，君父托雕鞍。自有血诚在，何忧肢体残。英雄留本色，尽与上苍看。"等等。在中国人的内心深处，"忠义""孝亲"乃是最深沉的道德伦理观念，也是最基本的行为准则。李颙与"义林"的故事不仅感动着前去观瞻的时人，也在后人的颂读中弥漫着悲情与感慨。后来顾炎武听说李颙襄城事迹后，作诗说：

踟蹰荒郊酹一樽，白杨青火近黄昏。

终天不返收峥骨，异代仍招复楚魂。

湛阪愁云随独雁，颍桥哀水助啼猿。

五千国士皆忠鬼，孰似南山孝子门？

第 5 章

弘道 "关中"

一、身居奸薮　矢志不渝

李颙南行招魂回到家乡后，往日的嫉恨者又开始盘算如何构陷李颙，一时间不仅让李颙的家人感到岌岌可危，仓皇不安，连李颙的一些朋友也感觉这次李颙处境叵测，危在旦夕。而县令马芝则在积极地寻找机会策划事端。朋友们、门人们不断地前来劝导李颙离开盩屋，搬到邻近的眉县居住。然而，刚刚将父亲的魂魄从千里之外的襄城招回家乡，而自己马上又要离开家乡，天性至孝的李颙无论如何也下不了避祸的决心，最终还是谢绝了诸多的善意，决心以命相搏。他毫不畏惧地说："祸患之来，命也！"在儒家思想里，自汉代以来就有"正命""随命""遭命"三种不同的说法。大致而言，由意外而产生的偶然性命运为"遭命"，受自我行为决定的命运为"随命"，而那种由先天所决定的人强弱夭寿等则为"正命"。如果以此来看李颙的境遇，既可以认为是即将出现的外在"遭命"，也可

069

以认为是其长期所造成的"随命"，或许李颙自己也会认为这是由先天所决定的"正命"。事实上，无论是"正命""随命"，还是"遭命"，要么认为人的生命受生理的限制，要么认为受外在环境或个人行为的决定，这些都具有经验论或宿命论的色彩。而自宋明理学兴起，在儒家学者的观念里，真正的生命问题并不在于人的自然生命，而在于对德性生命的追求，在于对个体精神境界的提升。如果能够领悟到与天地万物一体的境界，渺小的人生命运又何足挂齿呢?! 对于李颙来说，也当是如此，矢志成就自己的道德人格才是他最为关注的问题。

李颙返乡后，前来问学谒访的人依然是络绎不绝。据《历年纪略》记载，康熙十年（1671）六月就有满洲黄旗大人会纳和其弟会奋魁前来问道。继后，各旗的固山额真、牛录额真等官员也纷纷前来瞻仰礼敬，尤其是镶红旗的佛尼勒将军经常前来礼敬问学。或许是李颙看到佛尼勒勤奋好学，诚心尊贤，便劝诫他严明军队纪律、体恤地方。佛尼勒闻后，钦佩不已，更加虚心向李颙请教治军方法。十月，咸宁县丞郭传芳与阃司张梦椒又前来迎接李颙游览董子祠。董子即董仲舒（前179～前104），乃汉代最杰出的大儒，广川郡（今河北省景县）人。青年时，董仲舒曾苦读儒家经典，尤其是春秋公羊学，有"三年不窥园"的刻苦典故，终成为一代大儒，号称"群儒之首"。在汉景帝时他任博士，讲授《春秋公羊》。汉武帝元光元年（前134），董仲舒又上《举贤良对策》，建议汉武帝"罢黜百家，独尊儒术"，这一对策为汉武帝所采纳。其后，董仲舒担任江都易王刘非的国相十年；元朔四年（前125），又转任胶西王刘端的国相；之后，辞职回家，著书立说。但是每当朝廷有大的议事时，汉武帝便派使者或廷尉前去咨询，可见其仍受到尊重。

董仲舒以《公羊春秋》为基础，吸收了以往的宗教天道观和阴阳、五行学说等，开创了汉代新儒学，也为汉代在政治、思想上的"大一统"提供了理论支撑。董仲舒祠在咸宁城的一个角落，地颇幽僻。祠后是董仲舒墓，俗称下马陵。李颙考虑到董仲舒乃一代大儒，并且能在秦始皇焚书坑儒后的汉代积极弘扬儒学，其功绩不可磨灭，便慨然应约前去拜谒。到了咸宁，郭、张等人昼夜虔侍问学。郭传芳，字九芝，山西大同人，曾经任咸宁、郃阳县丞，又迁至富平县令，后逝于四川达州知州的任上。郭传芳有康济之才，在任职咸宁时就"贤声蜚三辅，诸上官莫不严重，事多咨决，倚若蓍察"；为地方县令时，则深得百姓爱戴，"所去见思，尸而祝之，如奉私亲"。郭传芳平生与李颙、李因笃、傅山等人交情深厚。张梦椒，字瀍州，山西代州人，明兵部尚书张凤翼之子，曾在康熙三年任陕西掌印都司，后迁任安远营参将。张梦椒自幼受过良好的教育，淹雅宏博，诗文敏赡，为人倜傥有气谊，为当地名流所推重。在三人的一次论学中，李颙论及"正谊明道"的思想，认为："方今人欲横流，功利之习，深入膏肓，斯言在今日，尤为对症之剂，吾侪所宜服膺者也。"他认为，"正谊明道"乃是拯救当时社会上物欲横流、功利满盈现象的有效良方。郭、张二人听后，怃然信服。张梦椒在听过李颙的讲学后，很快便能领悟，立志信奉儒家之道。这时，闻讯而来的满洲黄旗大人会纳，又率领子弟，拜李颙为师，伴随学习。

到了康熙十一年的春天，在某些嫉恨者的刁难之下，李颙的处境更为恶化，家里早已绝粮，全家人以野菜为食，生计再一次陷入了绝境。但是，困顿艰难之际，李颙并不气馁，他高声朗诵"伯夷、叔齐饿死"的故事，并以"志士在沟壑"勉励自己和家人。伯夷、叔齐本是殷时孤竹君的两个儿子。孤竹君想立叔齐为继承人，但是当孤竹君死后，叔齐想让伯夷继位。伯夷则告知说："这是父命啊。"于是，便以不违背父命为由逃走了。叔齐见状也不肯继位，也跟着逃走了。群臣只好拥立孤竹君的另一个儿子即位。后来，伯夷、叔齐听说西伯姬昌能体恤百姓，注重赡养老人，于是便投奔过去。然而，当他们到了西岐，姬昌已经去世，而其儿子武王姬发正预备东伐殷纣。闻听此事后，伯夷、叔齐便在途中拉住武王的马缰绳，严厉阻止说："父死不葬，爰及干戈，可谓孝乎？以臣弑君，可谓仁乎？"武王的随从正欲上前杀掉他们，被太公吕尚阻止，并赞扬二人说："此义人也！"挽扶他们离去。武王伐纣成功，天下归顺了西周，伯夷和叔齐认为这是耻辱，坚持操守，不吃周朝的粮食，隐居在首阳山中，靠采集野菜充饥，以致被饿死。李颙以颂咏伯夷、叔齐之事来自勉，坚持操守，宁愿饿死也不会向环境屈服，向周围的奸佞之人屈服。不久，李颙的情况传到蒲城，好友王化泰听说后，痛伤悲戚，泪如雨倾，又一次不顾年迈体弱亲自赶到鳌屋，为李颙准备了三个月的薪米才放心地返回蒲城。

这一年的八月，李颙到省府西安时，专程南去长安县（今长安区）的冯家村拜谒冯从吾墓。冯从吾（1556～1627），字仲好，长安人，明代关中著名的大儒，学者称之为少墟先生。冯从吾自幼苦读儒家经典，有志于濂、洛之学，曾受业于著名学者许孚远，明万历十七年（1589）中进士，出任监察御史。冯从吾为官清正，敢于直言，曾上书批评万历皇帝失德，后告官归乡，著书立说，讲学授徒，时人赞誉说："出则真御史，直声震天下；退则名大儒，书怀一瓣香。"在万历三十七年，陕西布政使汪可受、按察使李天麟等筹建了关中书院。此后，虽然冯从吾曾一度被起任，但大部分时间主讲于关中书院。天启五年（1625）八月，魏忠贤党羽为迎合魏忠贤禁灭东林书院的旨意，捣毁了关中书院。冯从吾见状，悲愤成疾，于第二年饮恨辞世。

冯从吾对关中儒家文化的弘扬与传播作出了杰出贡献，时人曾评论说："关中自杨伯起、张横渠、吕泾野三先生后，惟先生一人。"认为自东汉被称为"关西孔子"的杨震、宋代关学的创立者张载与明代关学的集大成者吕柟之后，最卓越的学者便为冯从吾。冯从吾曾著有《关学编》，这也是我国第一本关学史著作，记载了上至北宋张载，下到明代王之士的关中理学家三十三人的生平事迹与学术特点。据王心敬所撰的《关学续编》记载，明崇祯十六年（1643），年仅十七岁的李颙就曾读过《冯少墟先生集》，深受启发，"恍然悟圣学渊源，乃一意究心经史，求其要领"。虽然王氏的这一记载存在时间上的错误，但却揭示了青年时期的李颙曾受到冯从吾的深刻影响而有志于儒学。这次在拜谒冯从吾墓的同时，李颙也着手一件有裨于后世的重要学术活动——寻访冯从吾的遗集，并加以汇集整理。或许是为了有效地收集冯从吾的遗集，李颙在西安南郊的大雁塔附近暂住了下来。

李颙悄然来到西安之事，很快被学宪钟朗知晓了。钟朗，字玉行，浙江石门人，顺治间中进士，曾视陕甘学政，有"严绝苞苴，振拔寒畯"的赞誉。钟朗听说李颙母亲的事迹后，大书"贤母彭氏"四字以表其墓，并致书李颙，表达自己的向往之情，甚至还托请郭传芳与张梦椒介绍去延请李颙，但遭到李颙的婉言谢绝。这一次听说李颙正寓住于西安南郊，钟朗立即出城拜访，质疑咨学。在交谈中，钟朗发觉李颙的思想学说是自己过去闻所未闻的，有裨于时世，甚为折服，于是每日必前来问学。此时李颙来西安的消息也不胫而走。西安本是西北的文化中心，各地士人云集之地。士人们"闻风登造，肩摩踵接"，李颙则是随人授学，终日不倦。十天之后，李颙方起身返回。在得知李颙返乡的消息后，钟朗又出城躬送，依依惜别，并致书李颙说："斯道不讲，非一日矣。振绝学于来兹，回狂澜于既倒，肩斯任者，非先生而谁乎？朗也无能为役，虽然执干撠，从鞭镫，所欣慕焉。向者颇闻二曲有李先生，然耳其名矣，未见其人也。及骖停雁塔，见其人矣，犹未见其绪论也。今见其人矣，闻其绪论矣，虽未能窥其堂奥，乃见猎心喜。入闻夫子之道而悦，人皆有之。朗，东海之鄙人，何独不然。朗尝自问，少年尝跌荡于浮名，一行作吏，尘面东西，簿书鞅掌，蒙西子之面，欲自见本来，岂可得乎？今遇先生，如炉之点雪，水之沃焦，骎骎有不知其然者，方将啜饮之不可斯须去，而先生又以避喧遄归，私心怦怦，曷胜怅惘。"甚至，也有论者记叙此事时说："于是秦人始知章句之外原自有学，兴起者甚众。"可见，李颙此次讲学虽然时间短暂，但在西安的学术界引起了极大轰动，为当时一件盛事。通过聆听李颙的讲学，学宪钟朗及众多的士人深受启发，恍然醒悟儒家学术的真谛并不在于章句制义、科举浮名，而在于性命修养、成就德性。

　　李颙的西安之行和钟朗、郭传芳、张梦椒等西安官绅及一些士人建立了更为密切的联系，甚至和其中的不少人建立了持守终生的友谊。他们也逐渐地对李颙所处的生活环境有了更深入的了解，颇担心李颙为以盩厔县令马芝为首的嫉恨之徒所陷害，并尽自己的努力为李颙营造避害安身之所。这一年的冬天，张梦鲗越发感觉李颙深居奸薮，随时都有可能遭受他人的陷害，便打算在盩厔东边的鄠县（今作户县）为李颙建造一处住所，但是又恰逢自己要转任安远（今属江西），无法实施计划，心中彷徨不安。在他给李颙的信中，揭示了李颙当时的危险处境："恰壬所以抵牾者，以先生名高德重，求亲而不得，则忌谤生焉。然山鬼之伎俩有限，老僧之不闻不见无穷，再加以少霁厓岸，此辈乐有附骥之望，而可以化其成心矣。如邪正分明太甚，小人愈肆其恶，愿先生勿以人废言，是祷。"在张梦鲗看来，李颙身边之所以有那么多奸邪之人，不外乎是见到李颙名高德重，前来攀附却遭到李颙拒绝，因而才产生了忌谤。基于此，张梦鲗劝告李颙，这些小人的伎俩毕竟是有限的，如果能消歇这些人的忌谤高傲之气，或许还是可以教化他们的。如果李颙和过去一样严分邪恶，拒之门外，会加剧他们的嫉恨。的确，张梦鲗洞察到李颙遭嫉恨的原因是他的志行高洁、邪恶分明的品性。临别时，张梦鲗又考虑到李颙的家境清贫，于是便捐俸三十金，托人为李颙购买了十亩耕田，聊资生计。

二、执教书院　力辞征荐

关中书院作为明清两代陕西最著名的书院，筹建于冯从吾时期，其后虽一度被魏忠贤党羽捣毁，但是到了清代又屡屡受到政府的重视，逐渐加以修复。康熙三年（1664），当时的西安知府、咸宁知县等曾督修关中书院，并扩院址，增设东廊、西圃等建筑。康熙十二年，陕西总督鄂善又进一步修缮了关中书院。鄂善为满洲镶黄旗人，最初担任侍卫，授秘书院学士，后迁至副都御史，在康熙九年时，升迁为陕西巡抚，康熙十一年，又被擢升山西陕西总督，后又专督陕西。鄂善素来注重发展文教事业，在总督陕西、修缮关中书院、选拔地方优秀学子进入书院学习的同时，也在积极地物色各地硕学鸿儒主讲书院。这时候，提学钟朗与咸宁县丞郭传芳便趁机向鄂善极力推荐李颙。而鄂善本人早在任陕西巡抚的时候就闻听过李颙，并深怀倾慕之意，但是他又听说李颙隐逸乡里，志行高洁，难以招至，也正在犹豫是否延请其主讲书院。现在李颙的两位老朋友向鄂善推荐，鄂善当然不会错过这次延请的机会。在这一年的四月，鄂善肃币礼请李颙，李颙依然推辞。直至求贤若渴的鄂善再三延请，李颙方被其诚心所感动，应允前往。

得到李颙应允讲学关中书院的消息后，钟朗等人十分高兴，因为不仅可以经常在关中书院听到李颙的讲学，还可以话叙友谊。钟朗想到李颙一向如乡间的百姓般穿着宽博而又不合时节的衣服，便立刻请人为李颙缝制了一套小袖时袍送了过去。李颙笑着接过新衣，却又把衣服藏放起来，仍穿着平日衣装前去关中书院。等到了西安南郊的大雁塔附近，前来迎接的钟朗看到后甚为惊讶。李颙则解释说："仆非官僚绅士，又非武弁营丁，窄衣小袖，素所弗便。宽衣博袖，乃庶人常服；仆本庶人，不敢自异。且庶人无入公门之理，区区生平，安庶人之分，未尝投足公门，今进书院，诸公见顾，断不愿破戒报谒。"李颙认为，虽然此次自己前来讲学，但身份依旧是乡里百姓，所穿也当为百姓常穿的衣服，而不能像官僚绅士、武弁营丁那样穿着窄衣小袖。当然，李颙之意更在于说明自己志行操洁，所做之事无非是讲学，所交之人无非以学者身份待之，依旧会如过去一样，绝不去奉迎各级官员，甚至到其府邸拜谒。钟朗自然领会李颙的想法，尊重其志向。此事也传到鄂善的耳中，身为总督的鄂善也很开明，遂说："余等聘先生，原为沐教，岂可令其顿违生平。"鄂善明确说聘请李颙的目的是讲学弘道，并不是让其屈节谒访官僚绅士等。身为总督的鄂善这一表态，当然是对李颙主讲关中书院的尊重和最有力的支持，也为李颙的讲学摒除了许多繁文缛节。

在五月十四日这一天，鄂善偕同抚军阿席熙、布政使吴努春、按察使巴锡、提学钟朗、西安知府邵嘉引等人，在关中书院的侧室设宴延请李颙，并将这个侧室改名为"明道轩"。第二天，李颙开始登座讲学，鄂善又率领各级官吏，与当地的德绅、名贤、进士、举贡、文学、子衿等一起前来听讲问学，环阶席而侍听者多达数千人，规模甚为宏大。在讲学伊始，李颙便撰写了《关中书院会约》，为书院的日常行为制定了诸多的规定。

《关中书院会约》包括《儒行》《会约》《学程》三个部分。《儒行》主要阐述什么是儒者，及其作为儒者的日常行为应当如何。其开篇即说："士人儒服言，咸名曰'儒'，抑知儒之所以为儒，原自有在也。夫儒服儒言，未必真儒，行儒之行，始为真儒。"在李颙看来，穿着儒者之服，说着儒家的语言，但并不一定是"真儒"，只有行儒者之行的方是真儒。李颙的目的很明确，通过解释儒行，来要求士人学子躬身实践，行儒者之事。在《会约》中，李颙则制定了讲学仪式，规定了讲学的内容。诸如开篇说："每年四仲月，一会讲。讲日，午初击鼓三声，各具本等服帽，诣至圣前四拜礼，随至冯恭定公少墟先生位前，礼亦如之。礼毕，向各宪三恭，然后东西分班，相对一揖就座。以齿为序分，不可同班者退一席。讲毕，击磬三声，仍诣至圣前，肃揖而退。"这对会讲的日期、过程、仪式等均作了详细的规定。在《学程》中，李颙对书院中学子们日常学习的时间表、仪式、内容等作了一一规定。诸如，他说："饭后，看《四书》数章，须看白文，勿先观《注》；白文不契，然后阅《注》及《大全》。凡阅一章，即思此一章与自己身心有无交涉，务要体之于心，验之于行。苟一言一行不规诸此，是谓侮圣言，空自弃。"李颙要求学子们在早饭后读《四书》，并将读书的要领一一指出，要求学子不仅要学思结合，而且要学行结合。

事实上，通过《关中书院会约》，书院有了日常的和长期的读书与讲习规划，有效地推动了书院各种活动的开展。在最初三个月的实践中，书院的活动取得了非常显著的效果，不仅会讲不断，而且使学风产生了重大变化。曾经目睹过明末冯从吾讲学的老人感叹说："自少墟后，讲会久已绝响，得先生起而振之，力破天荒，默维纲常，一发千钧。视少墟倡学于理学大明之日，其难不啻百倍。"关中书院在李颙的主讲之下，不仅让陕西学者看到了冯从吾当时讲学的盛况，而且促进了地方儒家文化的传播。这也深深感染了许多官吏，他们主动资助书院。据记载，当时的司、道、府等各级官吏纷纷主动向书院提供资助，但都遭到李颙的婉言谢绝。甚至抚军阿席熙赠金数镒，往返再四，李颙还是坚决辞谢。

七月，陕西新提学洪琮莅任伊始，便向书院资助钱财，表达向往之情，同样也遭到李颙的谢绝。洪琮，字瑞玉，安徽歙县人，顺治九年（1652）中进士，曾经担任过韶州推官、陕西刑部主事，康熙十二年（1673）又转任为陕西提学。洪琮遭到谢绝后并不为意，反而愈加对李颙钦佩不已，便赶至关中书院，朝夕躬陪。在读过《关中书院会约》后，洪琮又欣然为之作序，其中赞誉李颙说："先生之言如江海之浸、膏泽之润也。使一人之行修，移之于一家，一家之行修，移之于乡党郡邑，则三秦之风俗成，人材出矣。"可见，洪琮不仅肯定了李颙的讲学方法，而且对其讲学的功绩也给予了很高的评价。值得注意的是，在刊刻《冯少墟集》时，李颙和洪琮也有一些交往。李颙自去年开始汇辑冯从吾遗集，业已竣工，但是，李颙又无财力加以刊印。洪琮到访后，得知此事，便慷慨帮助刊印《冯少墟集》，这也是关学学术史上的一件盛事。李颙在《冯少墟集》的《识言》中说："余生平遍阅诸儒先理学书，自洛闽而后，唯《冯恭定公少墟先生集》言言纯正，字字切实，与薛文清《读书录》相表里，而《辨学录》《善利图》《讲学说》《做人说》开关启钥，尤发昔儒所未发，尤大有关于世教人心。张南轩尝言：'居恒读诸先生之书，唯觉二程先生书完全精粹，愈读愈无穷。'余于先生之集亦云。第集板经明末之变，毁于兵燹，读者苦无从得。余久欲觅有力者重寿诸梓，而机缘未遇，私窃耿耿。顷学宪洪公访余，论学因言及斯集，遂慨付剞劂以广其传。惟是先生至今尚未从祀，识者以为缺典。昔东林吴觐华，真儒一脉，序谓西北有关中之恭定、山右之文清，东南有梁溪之端文、忠宪，皆欣然为天柱地维。后有具只眼，议大廷之典者，知儒宗一脉的，有其派而千古真常，盖决不容澌灭也，余尝以为知言。世不乏主持名教、表章先贤之大君子，敬拭目以望。"在上述介绍中，李颙表达了自己对冯从吾思想学术的倾慕，认为冯从吾"言言纯正，字字切实"，暗以为私淑。也正是冯从吾"开关启钥，尤发昔儒所未发，尤大有关于世教人心"的思想言论促使李颙专程去寻访编订其遗集。李颙在介绍了编订刊刻过程的同时，又为冯从吾至今未被广为表彰感到深深地惋惜。即便如此，冯从吾著作的整理与编订也堪为关学史上的重要事件，李颙与洪琮对保存冯从吾著作作出了重大贡献。

李颙主讲关中书院的消息很快传至外地，吸引了许多学子前来问学。这一年的秋天，诸生李修从宝鸡赶来问学，并欲拜李颙为师，但遭到李颙的婉拒。据史料记载，李修，字汝钦，宝鸡人。当李修在关中书院听到李颙的讲学后，欣然有得，便抛弃举业，有志于儒家正学。后来，又到盩厔再次提出拜师，李颙才允许其列入门下。此后，李修砥砺奋发，广泛研读先儒著作，剖析其中精奥，并曾记录李颙讲学的言论为《授受纪要》。

也是在这一年的秋天，在李颙讲学书院的生活中发生了一件极为棘手的事情。康熙时期，清廷的统治根基尚未牢固，许多明代遗民仍对清廷抱着不合作的态度。康熙皇帝清醒地认识到这一点，为了笼络汉族士人、广布德泽，便屡次命令现任官员推荐汉族硕学鸿儒入仕，从而达到收拢人心、为己所用的目的。身为封疆大吏的鄂善当然也不能违背康熙皇帝的意愿，也要积极地为清廷推荐人才，李颙成为鄂善心目中的不二人选。鄂善知道李颙志行高洁，肯定不会愿意。但是，迫于清廷求贤的命令，又无法隐匿人才，便与抚军阿席熙一起上疏清廷，推荐了李颙，又密戒学宪钟朗及县丞郭传芳不能外泄此消息。二人的上疏中称赞李颙说："一代真儒，三秦佳士。学术经济，实旷世之遗才；道德文章，洵盛朝之伟器。负姿英特，操履醇良，环堵萧然。一编闲适，经百折而不回，历千迍而愈励；刊行绪论，咸洞源达本之谈；教授生徒，悉明体达用之务。远宗孔孟，近绍程朱。初奉诏求贤，臣等虽略闻其人，恐系浮名，未敢深信。恭奉皇上赐臣等《大学衍义》，臣等仰承圣训，以广文教，复修书院，聚集多士，将某迎至，见其人品端庄，学多识博，讲论亹亹，诚难测其渊微。今皇上日御经筵，时亲典谟，正需穷经博古之臣，以备顾问之班。臣等既知其人，不敢不举。"在这封疏文中，鄂善、阿席熙不仅叙述了复修关中书院、注重文教及其奉命延揽人才等事情，而且对李颙极力赞誉，这种赞誉也基本符合李颙的实情。如此品行高洁、学识渊博的真儒佳士必然会引起清廷的注意。这也是李颙极不愿看到的情况。

当得知此事后，李颙惊愕万分，立即去信给鄂善，一再辞谢。李颙在信中叙说，之所以前来书院讲学是因为受到鄂善的诚心邀请和郭传芳、钟朗的推荐，而现在却突然听说被举荐之事。自从回到家后，便患了风寒病，久而不痊愈，以致右脚麻痹，行走艰难。很显然，李颙以疾病为理由拒绝鄂善的推荐，并且连续去信数通，坚决请求鄂善代为回绝。在李颙看来，社会治乱的当务之急在于正人心，这也是作为儒家学者的使命，因此仕途之路也绝非李颙的选择。同时，作为明遗民的李颙坚守民族气节，也绝不愿在个人出处问题上丧失志节。事实上，后一方面对于李颙来说尤为重要，这也是明末清初诸多遗民学者共同面对的安身立命的问题。

随着南明王朝的败亡，清廷统治日益巩固，个人的出处问题的确成为明遗民面对的最迫切问题。在清初之际，晚明遗民尤其是其中的许多著名学者往往是清廷关注的焦点。诸如，在康熙十年清廷开明史馆时，内阁大学士熊赐履就延请李颙的好友顾炎武参加，但顾炎武坚守嗣母王氏"无为异国臣子"遗言，严词拒绝，并立誓说："果有此举，不为介推之逃，则为屈原之死。"对于坚守民族志节的明遗民们来说，早已不存在外在的出仕途径了，但他们往往又不能作出愚忠愚信的誓死报效亡明的行为，因此可做的或隐逸守志，以儒家君子自处，或以讲学为己任，延续文化命脉，以期达到个体安身立命的目的。显然，李颙选择了后者。

到了十一月，督抚奉旨又不断敦促李颙启程，而李颙还是坚决不接受征召，再三以病疾相辞。或许是为了躲避征召，也或许是为了咨询如何躲避征召，李颙在这一月里远到华阴，拜访了王弘撰。王弘撰（1622~1702），又作宏撰，字无异，又字文修，号山史，又号待庵，陕西华阴人。其父曾为南京兵部侍郎王之良。明亡后，王弘撰弃绝科举功名，或隐居家乡闭门读书，或出外交游，与李因笃、李楷、王建常、李颙、康乃心、汤斌、顾炎武、屈大均、魏象枢、王士祯、施闰章、汤斌、阎若璩等均有交往，在士林中声望甚高。王弘撰博学多才，在理学、诗文、书法、金石、古书画收藏与鉴赏等方面均有所成就，故有"博物君子"之称。值得注意的是，王弘撰生平在为生计奔走的同时，又不断地为反清而进行联络。在康熙十六年（1677）时，王弘撰曾与顾炎武同到昌平拜谒思陵。顾炎武在诗中写道："华阴有王生，伏哭神床下。"思陵为明崇祯皇帝的陵墓。王弘撰以哭陵来寄寓自己的亡国之痛、离黍之悲。王弘撰也因其卓绝的民族气节被顾炎武赞誉为"关中声气之领袖"。王弘撰又与"关中三李"（李颙、李柏、李因笃）齐名，时人号为"四夫子"。在王弘撰的《砥斋集》中记载了这次二人的交往过程。其中说："康熙十二年秋，有诏征鳌屋李中孚先生。中孚称疾不就。冬仲，策杖过予草堂，留五日，论为学、出处之义甚悉。"显然，李颙在征召之际来访王弘撰，而且相论甚悉，似乎表明二人在出处问题上有很多的共同看法，无不包含着对故国的留恋，及其对因改朝换代所带来的个人出处问题的思索。

李颙辞绝征召之事还未平息，时局又发生巨大动乱。在这一年的冬天，清初著名的"三藩"（平西王吴三桂、平南王尚可喜、靖南王耿精忠）之乱发生了。驻守云南的平西王吴三桂自称天下都招讨大元帅，以明年为周元年，并遣派属下王屏藩率部由四川进入陕西。到了第二年（康熙十三年，1674）平凉提督王辅臣也在秦州参加了"三藩"起事，西北为之震动。大动乱的来临，也往往成为一些阴谋小人栽赃陷害他人的有利时机。在李颙的家乡，李颙的嫉恨者也开始了策划，欲以莫须有的罪名加害李颙，庆幸的是其同党不慎泄露了口风。李颙得知此事后，也不得不于二月十三日匆忙离开了久居的新庄堡，迁到鳌屋南边的郭家寨暂避凶险。

虽然李颙躲过了嫉恨者的阴谋陷害，但是很难逃避清廷的征召。到了四月份，清廷的征召又至，而且这次比以往更加严厉，李颙仍像以往一样以病疾辞绝。但是府役至县守不断逼迫催促，甚至让李颙的诊断医生、邻居加以佐证复核。到了五月，医生和邻居均遭到审讯，且在重刑威胁之下不得不妥协。到了七月，霖雨河涨，李颙的长子李慎言冒险涉河，赴院司哀控其情，不仅遭到拒绝，而且被命将李颙抬来验明是否真有疾病。八月初一，当县役将卧病在床的李颙抬到省府书院时，远近轰动，人人痛斥不已，认为"抬验创千古之所未有，辱朝廷而亵大典，真天壤间异事也"。当府官来到李颙的床前时，李颙已经长卧绝食数天。见此，府官不忍心，便以股痹回复院司。院司主事大怒，竟然想到用铁锥刺腿股观其是否疼痛的残忍方法，来检验李颙的病情。正在危难之际，李颙的友人张梦椒自安远返回，极力营救。虽然在张梦椒的帮助下，李颙免去了锥股之难，但是院司仍坚持逼迫李颙即日启程。李颙则闭目不语，僵卧在床。这时候，前内黄令张沐从中州来访。张沐，字冲酉，号起庵，河南上蔡人，顺治间中举人，康熙元年曾任直隶内黄县知县，洁己爱民，崇尚德化，曾开堂讲学，常有数百人前去听讲。张沐神交李颙很久，甚为倾慕。这次前来，张沐取出了自己所著《学道六书》请求指正。李颙伏枕以答，当二人谈到《周易·乾卦》的初爻时，李颙感叹说："学须深潜缜密，埋头独诣，方是安身立命。若退藏不密，不惟学不得力，且非保身之道。昔人谓'生我名者杀我身'，区区今日，便是榜样！"李颙此言乃是触景叹息。

初五日，府官又差人前来催促，这次前来的吏胥来势更为汹汹，强硬逼索李颙启程。李慎言不得已，便要求先回去，等整理好衣装，然后再启程，院司方才应允李颙父子先回家。回到家中，李颙父子便上书控诉院司逼迫之举。当院司听说此事后，立刻要求李颙启程。县令高宗砺害怕被连累，也率领衙役到李颙家中，强迫抬起李颙启程。然而，到了省城，李颙坚决不进去，而是寓住于城南的兴善寺。而府役每日又不断地逼迫，无奈之下，李颙准备以死明誓，决不应征。这时候，院司不得不承认无法强迫李颙应征，何况逼死了李颙这样名震一方的大儒不仅会激起地方民怨，甚至会威胁到自己的官职，因此不得不屈从，遂与抚军一起以李颙实病题禀。同样，清廷也不得不回复"奉旨疾痊起送"。至此，李颙此次被征召之事方告结束。李颙的拒征之举在全国引起了巨大的震动，丹阳贺麟征听说后感叹道："关西夫子，坚卧养疴，正是医万世人心之病。移风易俗，力振人纪，有造于世道不浅。"

这次拒征之事，让李颙深感名声之累，回到家后便立即闭门谢客，并在第二年春天撰写了《谢世言》，其中说："仆幼孤失学，庸陋罔似，只缘浮慕先哲，以致浪招逐臭，诚所谓纯盗虚声，毫无实诣者也。年来天厌降灾，病疾相仍，半身觉痿，两耳渐聋，杜门却扫，业同死人矣。然而朋伍中不蒙深谅，犹时有惠然枉顾者，是使仆开罪于先生长者，非爱我之至者也。今以往，敬与二三良友约，凡有偶忆不肖而欲赐教者，窃以为上有往哲之明训，下有狂谬之危言，期与诸君私相砥砺足矣。奚必入室而窥其人，以致金玉在前，形我芜秽乎！"在李颙看来，过去之所以被征召在于自己为学不能深潜缜密，埋头独诣，以至于无法安身立命；而闭门谢客可以有效地隔绝外界，暂求保身。事实上，李颙已经在讲学中寻找到自己安身立命的归宿，这也是他的出处所在。但是，面对改朝换代的时局，作为渺小的遗民个体即便闭门谢客也很难与世隔绝、谢绝世事，尤其是在清廷官吏各种逼挟手段的强迫之下，意志薄弱者往往无法持节守志。从这个方面讲，李颙得以全节，仍在于他坚强卓绝的意志。

第 6 章

隐逸遂志

一、移家富平　再辞征荐

经历了征荐的风波后，李颙坚持闭门谢客，甚至在康熙十四年（1675）四月，鄂善从荆州回到关中以手札迎接时，李颙也是以《谢世言》相示，决意不再见客。从某种意义上说，李颙的谢客是为了摒去长年以来的各种是非与扰乱。世俗人事的扰乱可以暂且摒去，但是近年关中地区因"三藩"叛乱而带来的兵乱却无法让其安闲隐逸下来。尤其是当李颙听说驻扎在终南山的叛军营中也在传颂自己的志节风烈时甚为震惊，极担心传闻会给自己再一次带来灾难，于是便打算渡过渭河远避灾难。然而，这时候李颙旧日在咸宁的好友郭传芳刚刚迁升为富平县令，张梦椒迁升为总镇。当二人听说李颙正筹划避难之事时，便立刻派人前来迎接李颙到了富平。与避难他乡相比，显然迁居好友管辖的富平更为理想，于是李颙接受了郭、张二人的邀请。李颙的到来让郭传芳异常兴奋，早早地就赶至富平城郊等候迎接。当地文学孟舆脉更是在斋戒沐浴后虔诚地拜李颙为师，并邀请李颙住在自己的军寨别墅中。富平地处关中平原东部，具有重要的战略地位，乃兵家必争之地，自古有"周览形胜甲关辅"之称。军寨，因相传曾为项羽屯兵处而得名。南宋时，为了阻止金军占据陕、川，南下东南，时任川陕宣抚处置使张浚曾率部在此发动了历史上著名的富平战役。虽然过去的古战场早已湮没于历史的尘埃中，但是军寨却成为了历史的标记，即便已有许多人家在此耕耘了数十代，军寨的名称仍未改变。李颙的到来，又将成为军寨历史上的一个新标记。兴奋之余，郭传芳不仅将孟舆脉所闲置的别墅重新整饰装修，使之焕然一新，而且又在别墅前修建了一个小亭子，并题名为"拟山堂"。"拟山"喻指李颙生平喜欢寂静，厌恶烦嚣，平日也谢绝世俗的应酬，这无异于处于深山幽谷之中。郭传芳与张梦椒又用自己的俸禄为李颙置办了一些家用器具和薪米，帮助李颙安定下来。

事实上，李颙刚到富平，消息便很快传播开来，前来谒访问学的人络绎不绝。然而，在经历了征辟之事后，面对访客，深恐为名声所累的李颙多是谢绝不见。所交往者除郭、张二人及军寨的邻里街坊外，也不过是寥寥数人，其中关系最为密切的当为李因笃、李因材兄弟。李因笃（1632~1692），字子德，一字孔德，号天生，陕西富平东乡（今富平薛镇韩家村）人，与李颙、李柏并誉为"关中三李"。李因笃自幼聪敏，博学强记，遍读经史诸子，又精于音韵，长于诗词，崇尚实学。崇祯十七年（1644），年仅十三岁的李因笃经历了李自成攻陷北京、清军入关等重大历史事件，深感亡国之痛，便立志反清复明。顺治五年（1648），李因笃外出游学，后抵达代州，在知州陈上年家中任塾师，受到陈氏的赏识和优待，李因笃便利用陈氏塾师的便利条件博览"六经"及濂洛关闽诸儒的书籍，并且与顾炎武、傅山、屈大均等著名学者结交。康熙七年（1668），顾炎武因文字狱牵连，在济南入狱。闻听此事后，李因笃远涉京城奔走营救，竭力为友申冤；又赶至济南牢狱，亲自送饭，甚至中暑累倒。一时间李因笃急难扶危之事广为士人传颂。康熙十一年以来，陕西兵乱不止、社会动荡不安，李因笃考虑到母亲的安危，便返回富平。显然，李颙的到来给李因笃带来了莫大的兴奋，在富平有了可以论学的至友和兄长。关于李颙与李因笃的见面，李因笃《受祺堂文集》记载说："前郭明府（郭传芳）迎兄二曲征君寓邑东偏，母数就视，谓不孝曰：'汝兄大贤，当敬事之。'"《二曲集》中也记载："前此颙以终南播氛，避乱频山。太孺人（李因笃的母亲田氏）率阖眷出见，令因笃偕弟若子朝夕严侍，恩勤有加。"可见，如同李颙母彭氏一样，李因笃的母亲田氏也是位善于教子的贤德母亲。李因笃兄弟在其母的要求下，经常前来敬侍李颙左右，与李颙谈学论事，几人相契投合。

这一年的冬天，李颙又收到顾炎武的一封书信。顾炎武曾在康熙二年到鳌屋谒访李颙，二人论学甚欢，进而订交。自此以后，虽然顾炎武足迹遍于大江南北，但是不时寄信问候李颙。这次，顾炎武听说李颙寓居于富平，十分高兴，这里除了有自己的至友李因笃外，又多了一位好友。顾炎武在书信中说："先生龙德而隐，确乎不拔，真吾道所倚为长城，同人所望为山斗者也。今讲学之士，其笃信而深造者惟先生。异日九畴之访，丹书之受，必有可以赞后王而垂来学者。侧闻卜筑频阳，管幼安复见于兹，弟将策蹇渭上，一叙阔悰也。"在这封信中，顾炎武除了赞扬李颙的学术成就和讲学功绩外，并以管幼安来拟喻李颙。

管幼安即管宁（158~241），北海朱虚人，汉魏时期著名学者。《世说新语》中曾记载了"管宁割席"的故事。管宁与华歆是好朋友，一起边读书边劳动。有一次，他们在园中锄草时，发现菜地中竟然有一块别人埋藏的黄金。管宁不仅视之不见，而且用锄头拨至一边；而华歆见到后，却拿起端详了许久才扔掉。又过了几天，两人正在读书，外面的大街上有达官贵人经过，乘坐着华丽的马车，敲锣打鼓，十分热闹。管宁和平时一样，不为所扰，仍认真地读书；而华歆却坐不住了，跑到门口观看，甚至对车马的威仪羡慕不已。当车马过去之后，华歆回到屋中，管宁则拿起一把刀子，将两人同坐的席子从中间割开，再也不愿与华歆做朋友。后来，因汉末天下大乱，尤其是中原地区战乱频繁，管宁避难辽东，受到辽东侯公孙度的欢迎，专门为其腾置了驿馆，而管宁却跑到荒山野谷中自己搭盖了几间简易的房子居住。公孙度死后，其子公孙康又想拉拢声名显赫的管宁，想给他封官加爵，也被管宁拒绝。无奈之下，公孙康又赠送管宁许多礼物。然而，当管宁看到辽东也将出现战乱时，便决定返回中原。在出发前，将公孙度、公孙康父子所赠礼物全部留了下来。顾炎武以"管幼安复见于兹"来喻指李颙志行高洁。同时，顾炎武又在信中告诉李颙，自己也将在近期来陕西相会旧友。朋友即将前来，尤其是顾炎武这样的大学者来访，也让李颙喜悦不已。

次年四月，张梦椒突患疾病，决定回雁门老家休养。在临别之际，张梦椒又绕道富平与李颙告别，为李颙准备了一些薪米，并且相约，等秋凉时节张梦椒病愈之后立刻返回陕西。然而，张梦楸回到老家后不久便卧床不起，抱憾病逝。当消息传到富平时，李颙悲痛万分，哀伤不已，认为失去了一位良友。李颙立刻在家中设立灵位，遥祭亡友，并托人去其家中吊唁。自此之后，李颙的日用所需，便只有靠县令郭传芳的处处资助了，郭传芳也成为继骆钟麟后李颙最有力的资助者。

在郭传芳的资助下，李颙寓居富平的日子逐步走上正轨，也得以安闲下来专心著述论学。常常相伴左右的李因笃目睹李颙此时的生活，深有感触地撰写了著名的《拟山堂记》一文。在文中，李因笃说："征君先生起自孤寒，独立不倚，倡明圣贤之学。顾其家甚贫，三旬九食，箪瓢屡空，晏如也。而笃实之征，光辉莫掩，上而台司，以越郡邑之长，或单车造访，或奉书币通起居，先生一切谢之无所受。虽邻里交谪，闾巷敦谕，迄不少易。当是时，先生名震关中。崇重其道往来尤密者，莫若常州太守、前盩厔令骆公，吾富平邑君云中郭公。无何，骆迁京秩以去，凡先生所与旰衡往命，外树宫墙之防，而内庀其宾从之需者，繄吾邑君是赖。夫先生之为人，不事王侯，饥不可得而食，寒不可得而衣者也。而吾邑君何以使之厚自托焉，岂非忠诚所感，处先生以古道，而义有超于养之外者哉？盖邑君勤勤恳恳，所以为先生计隐居者，甚周且至，不啻先生之自营，然先生不知也。先生不知，故受之而可安，指而美之而无辞也。旧岁江汉播氛，南山烽羽之严，密迩二曲，故开府雁门张公曰：'征君可以行矣，舍郭富平，不足以辱先生之从者。'而吾邑君乃肃舆奉迎，而先生亦既觐止，爰择文学孟仲子别墅，构室以栖，时时具公服仪仗，晨往上谒。而瘝人继粟，庖人继肉，相望于路，先生弗闻也。终日匡坐不出，而远近就业者有人，问道者有人，瞻轨范者有人，绳绳乂乂，走趋于堂，使千百年干戈之址，一变而为俎豆之乡，先生与吾邑君之功，讵不伟欤？"在这篇文章中，李因笃不仅记叙了郭传芳对李颙的敬奉与资助，而且也记叙了李颙的富平生活、志行、讲学及其声望。虽然来富平后李颙基本是闭门谢客，终日不出，但是仍不时有远近前来问学、问道的士人学子，因而所居的拟山堂也成为富平最著名的讲学之所，变昔日兵戈铁马的军寨遗址为一方文教胜地。

在张梦椒病逝的次年（康熙十六年，1677），李颙又接到骆钟麟去世的消息。从顺治十六年（1659）骆钟麟造访李颙，二人订交算起，已有十八年之久。在这十八年中，骆钟麟不仅始终敬仰、尊重李颙，而且多次在生活上资助李颙，在李颙危难之际无私地伸出援助之手。二人的友谊久而弥醇弥坚，互为知己。从康熙十年李颙离开常州，赶至襄城招魂算起，二人分别也有六年之久，但是互通书信不断，时时牵挂对方。甚至，在去年李颙还收到骆钟麟本打算春天来访，但因疾病未能成行的消息，李颙当时还为之惋惜不已。而现在，当李颙突然听到骆钟麟去世的噩耗，这如同晴天霹雳让其惊愕不已、哀恸不已，许久未能缓过心神。当心情逐渐平静下来，李颙又一次满怀悲痛，在家中为亡友设立灵位，并服缌麻三个月。即便如此，每当向朋友们谈及骆钟麟的亡故、二人的友情时，李颙便情不自禁地泪流满面，伤心不已，仿佛好友新丧之时。良朋病逝，生死相隔，死者已矣，而生者则悲辄流涕，茫然怅恍而又久久不知所措。

值得注意的是，在这一年中也有两位旧友的来访给李颙带来一些愉悦，让其暂时从骆钟麟病逝的伤痛中摆脱出来。九月十九日，王弘撰为悼唁亡友朱廷璟来到富平，县令郭传芳听说后立即将其迎接进城。在得知王弘撰来到富平的消息后，李颙便遣儿子李慎言送去书信，邀请王弘撰到军寨家中做客。在王弘撰的《砥斋集》中记载了此事，其中说："时李中孚先生寓居频阳之军寨，闻予至，使其子李慎言来，札云：'适闻驾临频城，喜出望外，谨令小儿晋谒，希与进是荷。'盖中孚有不出门拜客之禁，予随诣之。中孚偶害腿痛，卧于榻，为予强起，具鸡黍，为竟日之谈。伯著（李慎言）侍，恂恂雅饬，不愧其家学也。"一连数日，王弘撰住在李颙家中，二人论学甚欢，尤其是关于理学中的"格物""博约"思想的讨论。王弘撰将自己的《正学隅见述》交付李颙指正，而李颙也请王弘撰批阅自己所辑的《紫阳通志》。在离别之后，王弘撰记叙此事时，赞誉李颙说："中孚天资高明，学识渊邃，近代之好古笃行者，罕见其匹。"

在王弘撰离去不久，顾炎武也如前年信中所约定的那样前来拜访。事实上，早在几个月前顾炎武就由太原进入关中，寓居于华阴王弘撰的明善堂内。顾炎武这次来访时已到了隆冬季节，先是郭传芳闻知后，在离县城二十里的地方相迎。之后，顾炎武来到李颙家中。旧友重逢，分外高兴。顾炎武径直前往李颙的卧室，话叙友谊，谈论学术时事，语必达旦。这次二人所谈论的具体内容，史无记载。但是，或许是顾炎武此次来富平，与李颙、李因笃、郭传芳谈论甚为投机，加深了彼此的友谊，在离别后甚为挂念，又在次年（康熙十七年，1678）春天再一次来到富平，并且寓住了半年之久。在这半年中，李颙与顾炎武两位大学者有了更为密切的交往，经常论学辩难。其中最为典型的事例即是二人关于儒家"体用"思想的论辩。《二曲集》中收录了李颙写给顾炎武的三封书信，揭示了二人思想的不同。诸如，李颙认为"体用"一词来自佛教典籍，在慧能时才"始标此二字"；而顾炎武则认为此词出自儒家原典。顾炎武将佛学的"虚寂"与道教之"虚"混为一谈，而李颙则对此进行了详细的辨析说明，认为"老庄之'虚'是虚其心，而犹未虚其理；佛氏之'虚寂'，则虚其心，而并虚其理"。事实上，自康熙二年二人第一次见面论学时，就彰显了二人在为学进路上存在的较大差别：顾炎武走的是"考详略，采异同""致察于名物训诂"的考据式路径，而李颙则认为，为学要"先立乎其大"，以"明道存心以为体，经世宰物以为用"，"真体"与"真用"相资，切务自家身心。即便二人有为学上的显著差别，但并不妨碍二人友谊的真挚与高洁。

在不知不觉中，李颙来到富平已经三年。在这三年中，李颙基本上足不出"拟山堂"，闭门谢客。其间，李颙也经历了张梦椒、骆钟麟两位好友的去世，一度悲伤哀恸；也经历了王弘撰、顾炎武等好友的来访，一度愉悦不已。从总体上看，李颙在富平的生活是极为平静而又闲适的。然而，到了康熙十七年，李颙安闲的生活又再一次被惊扰。是年，清廷为了进一步延揽人才，缓和与汉族士人的敌对情绪，开设了博学鸿词科，征召文行兼优的学者。或许这次征召比以往来得更为严厉、更为猛烈，李颙与其好友王弘撰、李因笃均得到地方官员的举荐。王弘撰以疾力辞，遭到拒绝，又拖延不得，只好前去应召。但是，到了京城后，王弘撰即寓住在城西的昊天寺内，仍然以老病辞绝，且拒不参加考试，最终得以解脱。李因笃虽然也入京城，且于次年三月还参加了考试，被授为翰林院检讨，纂修明史。但是在授职后，坚决以母老孤丁，无所依托为由，先后上疏陈情了三十七次，打动了康熙皇帝，被准许离京返乡。李颙面临了如王弘撰、李因笃一样的处境，但是李颙坚守民族气节与其耿直的性情，使其比王弘撰、李因笃更加抵制应召，因而也遭受到更多的折磨。

事实上，自康熙十二年鄂善推荐李颙时，李颙便以疾为借口加以辞绝，当时清廷也下达了"疾瘳起送"的旨意，并且每年也都有官员前来催查。这一年春天，或许是催查的官员看到李颙腿疾已经好转，便又一次催促李颙应征启程。同时，时任兵部主政的房廷祯也以"海内真儒"的名义向清廷推荐李颙。在房廷祯的上疏中极力褒扬李颙，他说："窃惟孔门四科，文学与德行并重。有行而无文，其蔽也鲁；有文而无行，其蔽也夸。若二者之兼优，则一生可概观。职秦人也，所知有西安府盩厔县布衣李某者，束躬希圣希贤，无书不读；居德惟诚惟正，有己克修。甘原宪之贫，襟捉肘露；拥张华之乘，腹便砚穿。立志冰坚，四十载如一日；秉心渊塞，三辅中仅此人。虽经督抚交章，名已上彻朝陛，乃复金石不渝，迹仍下伏田庐。格物致知，诚有功于正学；扬风扢雅，亶无添乎真儒。"在上疏中，房廷祯不仅认为李颙兼具孔门四科（文学、德行、政事、言语）中的两科，文学与德行兼优；而且在描述李颙的生活与治学时，又将其与处于贫贱而又能成材的孔门高弟原宪与西晋宰相张华相比拟，甚至认为李颙为三辅（泛指西安地区）中最杰出的真儒。如此高的赞誉自然使注重收拢汉族士人的清廷再一次将征召的焦点聚集在李颙身上。当吏部把房廷祯的上疏呈献给康熙皇帝时，康熙帝自然也毫不犹豫地再一次下旨命令其应荐启程。司府下达的应荐檄文也很快传达到富平县，李颙再一次陷入了困境。

李颙的长子李慎言得知后，立刻赶到院司以父亲病未痊愈，仍在卧床不能启程为由，请求赦免。然而，或许是李颙数年均以疾拒荐，惹怒了院司，或许是房廷祯的上疏激起了清廷征荐李颙的决心，前来奉旨敦促者陆续不断，个个急若星火。这也导致西安府尹批评郭传芳徇私包庇，并题职名对其加以弹劾。为成全好友的志操，郭传芳不得不再一次上书恳请赦免李颙，其中说："李处士养疾久卧，远迩共知。卑职虽至痴极愚，灵明一窍，未尽昏翳，何敢不畏法纪，不惜官箴，于非亲非势区区流寓之一寒士，过自徇庇，干宪典于不测耶？蒙屡示行催，卑职懔遵宪檄，即欲遣夫舁榻就道，及亲临卧室，见其委顿不食。以气息奄奄之人，强迫就程，万一途有不测，卑职将何以自解于天下后世耶？"从表面看，郭传芳在为自己辩解。事实上，作为李颙的知心好友，他的上书又何尝不是在帮助李颙摆脱征辟？他极力向上司陈述情况，恳请赦免李颙。此时的李颙正以绝食抗拒，以消耗生命抗拒，身体情况已很难承受旅途的折磨，哪怕是抬着。同时，李慎言又赶到司府的辕门外哭泣控诉。然而，二人的努力不仅遭到拒绝，而且前来敦促的府役将县中涉及此事的经承也锁拿起来，强行将李颙抬起启程应征。

一路上，府役抬着李颙颠簸行走，甚为缓慢，直到九月初二方来到西安南郊大雁塔附近暂住下来。西安督抚、府尹也一起来到李颙的病榻前劝其应征，而李颙神色凝重，仍以长期卧病为由拒绝二人的劝说。二人见劝说无效，李颙也颠簸了一路，身体极度虚弱，无法强行应征，只好让李颙短暂休息几天，再作进一步的逼迫。李颙被抬至西安的消息不胫而走，初四时制台周有德便赶来问学。周有德，字彝初，汉军镶红旗人，由贡生授编修之职，后又迁为学士，康熙二年（1663）曾授为山东巡抚，康熙六年升为两广总督，康熙十三年又调任四川总督。周有德自任山东巡抚时，便听说了李颙其人，表现了倾怀向往之情，等升任两广总督时，又偶然得到他人抄传的李颙讲学言论，深为其中的阐述所吸引，阅不释手，此时正任四川总督，因公务外出，寓住于青门（西安的东南门，即霸城门），闻听李颙寓住在大雁塔，周有德喜出望外，立刻竭诚造访，执礼甚恭。李颙见其诚恳，便强支撑起虚弱的身体，伏在枕头上耐心地一一为周有德解疑释惑。周有德离开后，感觉如同醍醐灌顶般豁然开解，兴奋地对幕僚说："十年梦想，今日方遂'立雪'之愿。初以先生为有德有言之道学，今乃始知先生当代犹龙、人中天人也。"

到了初六，西安督抚再也不愿等待，便命令府尹前去催促李颙启程。府尹不得不率领咸宁、长安两地县令，再次到李颙的病床前劝行，又遭到李颙的毅然回绝，无奈之下，府尹便命令幕僚率领吏胥昼夜守催。而李颙则坚卧自若，恬然不为所动。此时，李因笃也因被征召前来与李颙告别。当李因笃看到守催李颙的官吏个个来势汹汹，严若秋霜，十分担心李颙的坚持极有可能带来生命厄运，便劝告李颙索性前去应征。此外，李颙在西安的一些旧友及爱戴敬仰李颙的缙绅士人也闻风赶来，他们也和李因笃般以"明哲保身"劝告李颙。看到如此多的人前来劝告李颙，总督十分高兴，似乎李颙马上就会接受应召，因此也加紧了逼迫的步伐，阴沉地告诫李颙说："自癸丑（康熙十二年，1673）被征以来，年年代为回复，兹番朝廷注意，不便再复。"并且以违抗圣旨的名义对李颙加以威胁。而面对众人的劝告、地方官员的威胁，李颙往往是淡然一笑，丝毫不为之动摇，并对守候身旁时时以泪相劝的李因笃说："人生终有一死，惟患死不得所耳。今日乃吾死所也！"话毕便向李因笃、李慎言及前来照顾的门人托付后事。李慎言等人见状，号恸大哭，悲伤霎时弥漫了整个房间。李颙声令大家冷静，并一一作了嘱咐。继后，李颙便开始绝食，无论侍者如何相劝，整整五天滴水不入。总督见状惊愕不已，也立时明白李颙之志不可屈致，再相逼迫必然会使其绝食而亡。

李颙的坚决意志及其绝食的举动，不仅惊动了整个西安士林，也让各级官员产生了敬畏之感，甚至害怕因参与逼迫而给自己带来恶名。因此，前到府院劝告总督要慎重对待李颙者不断，甚至有士人以李业持节的故事相告诫。李业，字巨游，汉代四川梓潼县人，年少时便有远大志向，曾拜博士许晃为师。汉平帝时，益州刺史举荐李业，李被任命为郎官。但是到了王莽篡权，自立为帝后，李业便托病辞官返乡，闭门谢客。是时，广汉郡太守刘咸听说了李业的贤名，便要强行召其为官。而李业则以疾谢绝，这激怒了刘咸，将其下狱，欲诛杀他，幸得他人劝解，李业才得以释放。王莽念其贤名，也想征召李业为官，但是李业仍以疾辞却。到公孙述占据益州称帝后，也想征召李业为博士，而李业仍是以疾相辞。公孙述恼怒之下，便派人持毒药威逼李业应征。面对威胁，李业毫不畏惧，感叹道："名可成不可毁，身可杀不可辱也。"于是饮毒酒而死。总督闻听李业的故事，更担心背上逼杀名士大儒的恶名，不得不停止逼迫，再一次以"笃疾具覆"，并派官吏到李颙的床前问候，李颙这才重新饮食。在休息了数天之后，在李慎言及门人的奉侍下，李颙返回了富平。

虽然此后西安督抚再一次以"俟疾稍有痊，即便呈报"为由下了檄文，清廷也以"痊日督抚起送"下了圣旨，但是大家无不明白，面对李颙铁石般的意志，没有人可以让其妥协屈服。在富平县，纵然每个月都有前去验视李颙病情的人，但是他们都深知李颙誓以死拒征，而他们所做的验视工作也不过是应付差事而已。甚至有验视的甘结文书这样写道："卑职遵奉宪檄，不时至李处士榻前验视，劝其痊日就程。答言：'平昔痛母贫困而死，誓终身不享富贵，若强之使出，势必一死报母。岂可以荐贤之故，而冒杀贤之名?'卑职听此言语，深为悚怯，铁石存心，势难转移。但事关奉旨，不敢泄视，除一面时加验视劝慰外，理合申报。"一时间，李颙以死拒征的消息广为流传，也因此李颙又有了"铁汉"的称誉。清初著名诗人王士祯（1634~1711，原名士禛，字子真、贻上，号阮亭，又号渔洋山人）曾将这一次不受清廷笼络的李颙、王弘撰、李因笃、孙枝蔚（1620~1687，字豹人，号溉堂）四人并誉为"关中四君子"。顾炎武在听说此事后，又作诗赞誉说：

益部寻图像，先褒李巨游。

读书通大义，立节冠清流。

忆自黄皇腊，经今白帝秋。

井蛙分骇浪，崛虎拒岩幽。

譬旨鸿胪切，征官博士优。

里人荣使节，山鸟避车驺。

笃论尊尼父，清裁企仲由。

常追君子躅，不与室家谋。

独行长千古，高眠自一丘。

闻孙多好学，师古接姱修。

忽下弓旌召，难为涧壑留。

从容怀白刃，决绝却华辀。

介操诚无夺，微言或可投。

风回猿岫敞，雾卷鹤书收。

隐痛方童草，严亲赴国仇。

尸饔常并日，废蓼拟填沟。

岁逐糟糠老，云遗富贵浮。

幸看儿息大，敢有宦名求。

相对衔双涕，终身困百忧。

一闻称史传，白露满梧楸。

这次辞辟又给李颙带来诸多赞誉，即便李颙足不出户、闭门谢客，也无法阻止世人对他的再度关注。拟山堂前也常常不乏一些闻风而至的追慕者，甚至一些人以未见到李颙为憾事。

二、西返盩厔 隐逸讲学

经历了辞辟事件回到富平不久，或许因在这次事件中感到个人生命的无常和脆弱，往往无法摆脱外界的左右，李颙顿时兴起了返乡的念头。纵然在盩厔有一些嫉恨者，但是那里毕竟是生养自己的地方，不仅有自己浓厚的乡土眷恋，也有一些友谊深厚的朋友。尤其是在自己孤独寂寞的时候，也可以到父母墓前倾诉，可以和惠含真等至友交谈。康熙十八年（1679）二月初五，李颙为了避免好友郭传芳、李因笃等人的挽留，便让家人悄悄地把行李打点好，预备悄然离去。然而，当第二天李颙刚要动身启程，消息就传到郭传芳那里。郭传芳立刻赶来，极力挽留。这时整个军寨居民也被惊动了，一时间有百余人赶到李颙家中挽留不已。虽然李颙在军寨的日子仅有四年，而且常常是闭门于拟山堂中；但是朴实好客的军寨百姓都知道自己家旁住着一位学识渊博、志行高洁、誓死不应征的当世大儒，偶尔与之相见，也均是对自己彬彬有礼，和蔼可亲，没有丝毫的傲气；而且他们又经常看到一些官绅士人风尘仆仆地从远方赶来，虔诚地拜谒问学，李颙又是那么受人尊重。当然，他们在路过拟山堂时，偶尔也会听到李颙通俗易懂的讲学，在不觉之中深受感染，对李颙敬重膜拜，时常以有这样的邻居而自豪。李颙的突然离去必然让这些朴实敦厚的乡邻感到失落和惋惜，当大家看到县令郭传芳前来跪拜挽留，自然也情不自禁地跟随泣跪不起。李颙见状，知道一时间无法拒绝郭传芳和乡邻们的真挚挽留，不得不答应暂留一段日子再回蓥厔。

到了三月份，鄂善在巩郡（巩昌郡，包括今甘肃陇西、天水、武都等地）修建学舍，派人前来延请李颙去主讲。自从康熙十二年，鄂善因总督陕西，修缮关中书院延请李颙主讲，二人便结下友谊。虽然其间李颙也曾因鄂善的推荐，遭致初次征辟的厄运；但是，这也是作为一方大员的鄂善的职分之事，尤其是当他接到李颙的书信后，也曾极力帮助李颙辞荐。康熙十六年，鄂善调任甘肃巡抚时，曾专门致书李颙，告别问政。李颙以"政教偕行、举措务合人心"相劝勉。这次在巩郡修建学舍，李颙自然也成为鄂善心目中最佳的人选。然而，李颙经历了两次辞辟之灾，对古人"生我名者杀我身"的箴言有深刻体会。李颙数年来之所以隐逸谢客，也在很大程度上基于其认为受到名声所累。显然，这次李颙不会再接受鄂善的邀请，以坚持杜门谢客为由婉拒。到了七月份，鄂善因计典（官吏三年考绩的大计之典）被罢，在返回京城时，又专程绕道富平，与李颙话别。在得知李颙打算返回蓥厔时，鄂善考虑到李颙回去后，家计又将陷入困难，便捐了些薪俸。面对老朋友的执意捐赠，李颙也不得不收下。

值得注意的是，在李颙留下暂住的日子，著名学者傅山在郭传芳的邀请下来到富平，并拜访了李颙。据清人丁宝铨《傅青主先生年谱》记载："（康熙）十八年……秋（傅山）再游关中，富平令郭九芝（传芳）迎先生至署。"傅山（1607～1684），字青竹，后改青主，又有公它、公之它、朱衣道人、石道人、啬庐、侨黄、侨松等别号，山西阳曲人，乃明清之际著名的思想家、书法家和医学家。傅山自幼读书过目成诵，博学多才，又具有豪侠气概。崇祯九年（1636），魏忠贤党羽山西巡按御史张孙振捏造罪名，诬告山西提学袁继咸。傅山义愤填膺，挺身而出，与薛宗周等联络生员百余名，联名上疏，远赴京城为袁继咸诉冤请愿。经过七八个月的不懈努力，终为袁继咸昭雪，傅山也因此声名大振。明亡后，傅山改服黄冠，衣朱衣，居土穴，以养母，并积极从事反清复明的活动，广泛交友，与顾炎武、申涵光、孙奇逢、李因笃、屈大均、王显祚、阎若璩等均有过交往，尤其与顾炎武志趣相投，过从甚密。康熙十七年（1678）时，傅山也曾被推荐应试博学鸿词科，但坚持以病辞绝，后被强迫入京城，至京城后，则继续卧床称病，拒绝应试，在康熙皇帝的特许下免试授封为"内阁中书"，但又拒绝叩头谢恩。可见，傅山和李颙一样坚守志操，注重民族大义。

虽然关于这次傅山来访的具体时间，史无明确记载，但可以推测大约在八月李颙回鳌屋之前。关于傅山和李颙交往的具体情况，今日也仅能从傅山的记述略加窥测。据记载："顷在频阳，闻莆城米黼之将拜访李中孚，既到门，忽不入，遂行。或问之，曰：'闻渠是阳明之学。'李问天生米不入之故，天生云云。李曰：'天生，我如何为阳明之学?'天生于中孚为宗弟行。曰：'大哥如何不是阳明之学?'我闻之俱不解，不知说甚。正由我不曾讲辨朱、陆买卖，是以闻此等说如梦。"傅山的这段记载，虽没有阐述他与李颙论学之事，但却记述了李颙与李因笃之间一次饶有意义的对话。通过二人的对话，不仅可以看出李颙周围的朋友也认为李颙之学确为"阳明之学"，也可以看出傅山对李颙之学不感兴趣，或许二人的共同兴趣在遗民的"出处"方面。

　　日子一晃到了八月份，李颙返乡的决心不仅没有消减，反而愈加思念家乡，因此便让家人整理好行李，准备即日启程。军寨的乡邻们无不感到怅然若失，但是他们考虑到李颙思乡心切，也不便再加挽留。在李颙离别之际邻居们纷纷争相款待饯行。初三那一天，李颙率领家人启程返乡，一大早小小的军寨便挤满了前来送行的人们。《历年纪略》记载了当时的感人场面，其中说："少泣送，声震原野。郭公肃舆发役卫送，道左分袂，悲不自胜。镇将亦祖道远送，遣兵以护。绅士缱绻依恋，费赋长篇惜别。""费赋长篇惜别"指的是学者费尚彬以赋的文学形式抒发对李颙离别富平的深切感慨，其中说："四载频阳客，千秋启铎人。忽然怀故土，果尔发行尘。后谊通神听，清操彻上旻。天卿入户别，星宰饯卮陈。过化留泾野，遗徽绕渭滨。永峙关中岳，常切海内榛。烟岚深邃处，即拟谒钩纶。"面对送别的凄然场面，李颙深情地再次凝视了一遍自己居住了四年的拟山堂，并抑制住感伤与郭传芳、李因笃等好友、众多的乡邻一一话别。富平的讲学也被门人惠霾嗣记录了下来，并整理为《富平答问》，在士人学子中广为流传。

　　当天晚上，当李颙率领全家行至泾阳时，泾阳县令钱钰闻知后，立即前往城外迎接，并且竭力邀请李颙入城。李颙以"素不入城市"为由加以辞却。钱钰没办法，只好在郊外的旅店为李颙接风问学，并打算次日清晨亲自躬送李颙启程。但是，饭后李颙便要求启程，钱钰又只好派属吏追送。在经过了七天的旅程后，到了初十，李颙回到了阔别四年的盩厔故居。残破的院落中布满了野草，低矮的草房上爬满了藤草，旧日的房屋只剩下些许残垣破壁，自然也早已无法居住了。面对此种场景，李颙感到既凄凉又亲切。在租赁好房屋，重新安置之后，李颙便去父母的坟墓前祭扫、告返，并将长期寡居的姐姐再次接了过来，以便悉心照顾奉养。

　　回到家乡后，徘徊于故居废墟之上，看到熟悉的一草一木，李颙禁不住陷入回忆，母亲勤劳的身影又频频呈现于脑海中，对母亲的思念之情也与日俱增。到了次年二月，李颙决定为母亲建祠祭祀。早前，还在陕西为官的鄂善闻听了李母守贞育子的事迹，及其在贫困中病亡的凄凉故事后，深为感动，曾捐出一百金俸禄，准备为李母建祠，期以敦化乡风。然而，是时三藩叛乱波及盩厔，加上后来李颙远走富平，建祠祭祀之事只好中断。这次李颙回乡后，便用鄂善所捐的钱币建了三间庙祠，供奉母亲的遗像，又在母亲遗像前置放父亲的灵位。此后李母祠不断得到一些官员的表旌。诸如，康熙十九年（1680）九月，平凉守道参政郎廷枢曾肃书币与李颙，并送"曾母慈晖"的匾额。李颙收下匾额，而将钱币返还。康熙二十年七月，甘肃抚军巴锡派人前来问候，并题下"贞贤范世"的匾额。康熙二十六年四月，西安知府董绍孔又增修了李母祠，并为之建坊，题匾额为"贤母祠"。此外，《二曲集》中也收录了学者康乃心、吴珂鸣等人为李母祠撰写的记文。其中有论者说："盩厔之有李母，犹邹邑之有孟母，后先一揆，卓然两决千古，并有补于世教，则饬祠崇奉，诚有光于祀典。"

在祠庙建好之后，李颙撰写自识说："人子居亲之丧，涂壁令白，名曰'垩室'，此亦余之垩室也。丧制虽已久阕，而心丧实无时或息，栖此以抱终天之憾！"于是，李颙便关起了祠庙大门，不再出来，即便是家人也多不见，而饮食则通过墙壁的小洞由家人送进来。不久，郭传芳闻听此事后，十分震惊；又感到李颙一家人租住一间房子，贫无定所，生活依然困窘不堪，便再次捐俸帮助李颙在李母祠的西边修建了一处房屋，作为栖居之处。这时候，马芝早已离任，现任县令章泰闻听后也立即赶来捐俸协助修建。章泰，字来之，会稽（今浙江绍兴）人，在康熙十七年时，始任盩厔县令。章泰为官能体恤民情，深得百姓的爱戴。在上任伊始，面对盩厔的洪涝泛滥，民田冲毁严重的情况，身体力行带领盩厔百姓修筑了甘沟渠、淇水渠等，除害兴利，不仅使盩厔长年的水患得到有效的治理，而且让盩厔出现了"下视水田锦绣，秔稻垂黄，白鸟翻飞，渭川澄练"的美景。同时，章泰又主持重修四园，加筑墙垣，在县城南面又开一门，体恤孤贫，使百姓得以安居乐业。此外，在主政盩厔期间，章泰颇能重视地方文教，曾修缮文庙、补修道教胜地楼观台、纂修《盩厔县志》等。有如此品行的县令治理盩厔，李颙自然也就受到了尊重与礼遇。

在帮助李颙修建好房屋后不久，次年秋天，郭传芳被调往四川任达州知府，李颙闻听后立刻让儿子李慎言远送郭传芳到了宝鸡，方恸哭而别。然而，转年二月，李颙突然接到郭传芳病逝的噩耗。许久，李颙才缓过神来，哀恸不已，立即在家中为郭传芳设立灵位，带领家人哭祭，并为之服缌麻三个月，同时，又寄书表其墓。郭传芳的病逝让李颙又失去了一位长期无私资助自己的至友。一连数月，李颙都无法从悲痛中摆脱出来，骆钟麟、郭传芳、张梦椒等亡友的身影不时浮现于眼前。每当李颙陷入困窘危难时都是这些亡友挺身而出，热情地帮助其摆脱非难与饥饿。可以说，没有这些亡友的帮助，李颙不仅无法成为一代大儒，摆脱一些小人的陷害，甚至连长年的饥饿都无法熬过。到了四月，思友心切的李颙便在家中设置报德龛，祭奉骆钟麟、郭传芳、张梦椒三位亡友。每逢佳节之际，李颙便率领家人虔诚祭拜，报答三位亡友的资助与知遇之恩。

回到家乡后，李颙也和在富平时一样，基本上是闭门谢客，但又不时接纳友人，相与论学，也接纳一些来访的学子，向其传授所学所体会的儒家学说。交友、授徒成为李颙晚年生活中的主要兴趣所在。从康熙十九年起，到康熙四十四年李颙去世这二十五年中，前来向李颙问学的人众多。尤其是，李颙收纳了王心敬、王吉相、杨屾、张志坦等弟子。他们深受李颙的赏识，积极推动了李颙思想学说在关中乃至全国的传播。兹略作介绍。

王心敬（1656~1738），字尔缉，号丰川（又作沣川），学者称为丰川先生，陕西鄠县人，自幼家境贫寒，十岁时父亲去世，与母亲李氏相依为命，少时曾跟随王鄷（字汉侯）学习科举之业，"追随杖履"侍学十余年。王心敬学习刻苦，在二十岁左右便"文名藉甚"，然而，到二十二三岁时，"稍稍涉猎经史群籍"后，便对"孔曾思孟之学"产生了浓厚的兴趣，立志"为丈夫"，毅然舍弃了科举之业，继而，又"遍访当世明贤，择为师资"。在康熙十九年十月，王心敬来到鳌屋拜投于李颙门下，从此"朝夕执侍，一意暗修"。关于王心敬受学李颙的时间，惠霈嗣《历年纪略》载为康熙二十一年，但王心敬每言及其师从李颙的时间时，均言自己时年二十五岁。王心敬生于顺治十三年（1656），则其从师李颙时间当在康熙十九年。王心敬是李颙最为赏识的弟子，曾以其"可望以任重致远"，格外加以栽培。即便是在李颙独处垩室，"时人罕接其面"时，王心敬却能够"朝夕侍侧"，聆听教诲。后来，王心敬因母老待养才辞别李颙。回到家乡后，又与其他同门在鄠县筑修二曲书院，除邀请李颙前来讲学之外，也邀当时一些学人切磋学问。在四十岁时，王心敬已是名闻海内的大儒，一时间黔、闽、吴、楚等地的官员纷纷前来礼聘主讲于当地书院。随着王心敬在大江南北的讲学，声名也日隆，湖广总督额伦特则以"真儒"的名义，推荐于清廷。王心敬和乃师李颙一样，以疾力辞，并且自此闭户读书，不再外出。

王吉相（1645～1689），字天如，邠州（今陕西彬县）票村人。王吉相幼年家境贫寒，无力入学，但能勤奋苦读，孜孜不倦。据传说，王吉相唯恐自己学习懈怠，曾自备厚砖，每当松懈时，便将厚砖置于头顶自罚。经过多年的刻苦学习，在康熙十五年（1676）王吉相中了进士，为翰林院检讨。他曾作《砖师赞》回顾过去学习生活，他说："一有差失，焚香顶礼，此过不改，此身不起。幸而有成，皆汝之施。戴尔大德，终身无欺。"在康熙二十年冬天，王吉相来到垩屋受业于李颙门下，此后学业增进，声名鹊起。康熙二十二年，陕西巡抚张汧曾以"笃志力行君子"赞誉王吉相。到了晚年，王吉相仍然勤奋著述，曾抱病撰成了《四书心解》。该书被誉为"独抒所见，不依傍程、朱之说，而其融会贯通，头头是道，实能得人心之所同然，发前人之所未发"。李颙也很赏识王吉相，曾赞誉他"质淳行笃""善读善阐"，甚至说王吉相为"此真为己者也"。显然，李颙为有这样的弟子而感到欣慰。

杨屾（1688～1785），字双山，兴平县（今陕西兴平市）人。据清王权《兴平县士女续志》记载，杨屾"少出盩厔大儒李中孚之门，中孚许为'命世才'。屾遂潜心圣学，不应科举。自性命之原，以逮农桑礼乐，靡不洞究精微"。从年龄上推测杨屾受学于李颙当较晚，但是杨屾"自髫年即抛时文，矢志经济，博学好问，凡天文音律、医农政治，靡不披览"，以致李颙许其为"命世才"。清末关中大儒刘古愚认为："双山先生近二曲之乡，以反身为学，故其所著《知本提纲》皆从日用事物上指出天命，流行日用事物皆吾身涉世，自具之迹，而无一非天命之精微，极浅近，极高深，盖圣门《中庸》之旨，而特于庸上精察力行也……二曲之学，双山为得其精也。"可见，杨屾为学的进路乃是从反身的角度入手，这显示了他深受李颙的影响，是李颙学说的重要继承者。值得注意的是，杨屾在阐发自己的思想时，又入外来的天主教思想，这似乎又是对李颙学说的发展。此外，杨屾生平和李颙一样注重讲学，其弟子多达数百人，积极推动了李颙思想学说的传播。

张志坦（1657～1686），字伯钦，是李颙的朋友武功张承烈之子。张志坦生而端淳，幼时即不参与儿童间的嬉戏，懂得在饮食起居等方面侍奉亲长，稍长嗜好读书，习制举业，曾添补为邑诸生，并以温谨的性格受到庠校师生的推重。因为其父与李颙是朋友的原因，自幼张志坦便十分倾慕李颙。在康熙二十一年，张志坦与同乡马仲章一起到盩厔受学于李颙，倾心服膺于李颙的学说，刻苦学习，达到造次不忘，深得李颙的喜欢。

然而，在康熙二十五秋天，张志坦突然患疾病，后来不治而终，年仅三十岁。李颙甚为悲痛，曾撰写《张伯钦传》以寄托自己的哀思之情。

在王心敬、王吉相、张志坦拜投于李颙门下不久，新任盩厔县令张涵也拟为李颙修建书院。张涵是山西人，进士出身，在康熙二十一年始任盩厔县令。张涵早已仰慕李颙许久，这次被任命为盩厔知县，甚为高兴。刚刚抵任，张涵便斋戒沐浴，肃贽造谒。自此之后，在公务闲暇之时，张涵便前来侍学，执弟子礼甚恭。张涵看到李颙贫困，更无力构建书房，便想捐俸帮助构建讲堂、斋舍等，这既能帮助李颙安身，也方便不断前来问学的外地学子。李颙闻听后，立即加以拒绝。在李颙看来，正因为声名所累，所以才杜门谢客，讲堂、斋舍等也非自己所需要的。在李颙的坚持之下，张涵也不得不将此事搁置。虽然李颙拒建讲堂、斋舍等，平日里也基本是闭门谢客；但是前来问学的人依然是络绎不绝，其中不乏一些远方的士人。

康熙二十四年三月，傅良辰、张子达远道前来问学。傅良辰，字潜斋，汉阳（今属湖北武汉）人。张子达，字君明，江陵（今荆州市）人。二人都是四川鸿儒杨甲仁的得意弟子。杨甲仁，字乃仁，别号愧庵。据史料记载，杨甲仁自幼颖悟绝伦，每听到经义，辄晓大义，成童后，便通晓"六经"之旨，并旁及诸子百家与佛、道典籍，无书不究览。顺治初，杨甲仁的家乡遭受农民起义军的严重骚扰，但是杨甲仁却能坚持每日读书。十八岁时，他徒步千里追随大儒刘丽虚学习，后返回家乡讲学于金华山中，从游者甚众。作为一代大儒，杨甲仁将家庭也变为讲学实践的场所，平日里向其妻子、小妾、仆人等传授儒家学说。杨甲仁教化仆人，并为他们取了良知、良能、性善等具有儒家学说特色的名字。他主张在研习儒家典籍、体悟正道方面男女平等，道不分男女，女人也可以学道、悟道，甚至也如男子般可以达到心体与道体的统一，并且在实践中杨甲仁与其妻妾成了道侣。妻妾受其影响，也具有较深的儒学生命体验。杨甲仁的讲学实践突破了社会等级观念的藩篱，有效地推动了儒学传播的平民化，在当时影响很大。

傅、张二人问学李颙也是受到杨甲仁的介绍与督促。杨甲仁在与傅良辰的一封书信中说："今晨子达（张子达）来会。其人英年，朴实笃厚有道器，具圣胎，扩而充之，不可限量。其有得于足下昆仲并万沧启发者多矣。良朋善友，实难同时同地。自后时勤切劘，庶不忝昔贤香山白鹿之意。近则引之参江夏尔朴杨翁，远则勉之参关中中孚李子。非中孚不足以成就斯人也。中孚今岁几六十，恐岁月无多，不与我矣。"在杨甲仁的介绍之下，年未三十岁的二人徒步三千余里前来鳌屋问学。傅、张二人虽然都属于市井之人，社会地位不高，但是当李颙与他们交谈之后，便立刻欣然接纳二人。在李颙给张志坦的一封书信中如是介绍说："有著书立言之人，自天文、地理、礼乐、制度、兵刑，一一皆精研论撰，携其所著全部，肃贽愿北面受学，叩扉两日，亦未之纳。惟湖广傅良辰、张君明，年未三旬，不远三千里，徒步来学。其人本市井贸易之微，能学敦大原，我嘉其学知近里，始启钥纳拜。"可见，在李颙看来，傅、张二人不仅刻苦求学，而且学得其法，认识到为学的大本大原。二人在李颙处侍学了一个月，也充分得到了李颙耐心细致的指导，之后方起身返程。

也是在这一年，时任陕西督学的著名诗人许孙荃捐俸刊布了李颙的《四书反身录》。许孙荃，字友荪，一字生洲，学者称之为四山先生，合肥（今属安徽）人，康熙九年（1670）中进士，改户部主事，再转郎中，继后又历任翰林院侍讲、刑部四川司员外郎、陕西督学道等职，康熙十八年也曾被荐举博学鸿词科，但辞而不受。在督学陕西期间，许孙荃注重文教，不仅延揽一些著名学者入讲庠校，又对李颙、王弘撰、李柏等人推崇有加。此外，许孙荃也注重表彰关中以往的大儒，修缮祠庙。事实上，许孙荃早年在家赋闲时就听说过李颙，并对其仰慕若渴。一到陕西，便竭诚前去造访。李颙也向许孙荃赠送了弟子王心敬所手录的讲学著作《四书反身录》。在看过《四书反身录》后，许孙荃欣然为之作序，说："中孚李先生崛起盩厔，其言以'躬行实践'为基，'反本穷源'为要，嘉惠后学，开导迷津，阐往圣之心源于浸昌浸炽之会，斯真可与弇山鸣鸟，同昭盛世之光华。顾以家世食贫，养亲不逮，痛自刻责，绝意功名。筑垩室独处，时人罕接其面。尤矢志谦退，不欲以著述自居。四方学者每从问答之余，辑其所闻，各自成帙。其高弟王心敬朝夕侍侧，敬从口授，集为《反身录》一书。"

李颙生平讲学言论多由其门人记录，各自成册。《四书反身录》乃为王心敬所记录。这也是最集中反映李颙晚年思想的著作。许孙荃将《四书反身录》视为匡时救世之作，不仅打算颁布于陕西全省，而且准备上呈清廷。后来，在李颙的极力劝阻下，许孙荃才不得不放弃自己的想法。许孙荃又看到李颙生计极为苦难，便考虑如何资助而又可使李颙无法拒绝之法。自从回到盩厔后，骆钟麟、郭传芳等好友相继去世，生活上缺少了资助，李颙的家境又如往昔一样时时遭受饥寒的威胁。甚至在康熙二十三年，因旱灾李颙全家一度陷入了饥荒，只好每日吃一顿饭来勉强维持生计。在李颙看来，"饥馑虽困我身，而不能困我心，我思之熟矣"。也正是因为李颙领悟到生死的意义与真谛，所以当其面对饥困时能坦然处之，将生死置之度外。在经过一番考虑后，许孙荃"遂割俸百二十千，檄学博易负郭田，如颜子之数，延先生长子慎言、次子慎行授之耕"。许孙荃以学博的名义，延请李颙之子李慎言、李慎行耕种近城的田地；但是，许孙荃又恐李颙拒绝，便请李因笃加以劝说。在李因笃的《续刻受祺堂文集》中记载了二人的一段对话。李颙写信给李因笃，告知其处理此事时左右为难的心情："任之爽予心，拒之则拂使君之义。"李因笃则劝说："拒之非人情也，又使君下学博为之，而纳其券邑中，匪私也，公也，亦安得辞？"在李因笃的再三劝导之下，李颙接受了许孙荃的善意资助。

随着与许孙荃交往的加深，李颙逐步认识到许孙荃并非求名之士，面对许孙荃各方面的咨询，李颙也坦诚地阐述自己的看法。康熙二十五年正月，许孙荃预备巡视各地庠校，考评士子，临行前寄书请教李颙。李颙则建议他所到之处，需要"表先哲，崇实行"。李颙不仅为许孙荃罗列了明代关中段坚、周蕙、张杰、韩邦奇、吕柟、冯从吾、张舜典等七位著名的儒家学者作为表彰依据，而且又建议考虑表彰自己的亡友蔡启胤、蔡启贤兄弟。段坚（1419～1484），字可久，初号柏轩，后更号为容思，义取《礼记·玉藻》中"足容重，手容恭，目容端，口容止，声容静，头容直，气容肃，立容德，色容庄"的九容，与《论语·季氏》中"君子有九思：视思明，听思聪，色思温，貌思恭，言思忠，事思敬，疑思问，忿思难，见得思义"的九思之义。段坚是兰州人，早年读书时，便"有志圣贤"，明景泰五年（1454）中进士，授山东福山县知县，后又历任莱州知府、南阳知府等职。在任官期间，段坚注重文教，建修社学、书院，教育童士，常常亲自前去讲解，深受百姓的爱戴。段坚为学"近宗程朱，远溯孔孟，而其功一本于敬"，在当时影响颇大，学者尊称为"思容先生"。周蕙，字廷芳，号小泉，甘肃山丹人，后徙居秦州（今属天水）。在二十岁时，周蕙听讲《大学》，便奋然感动，开始刻苦读书问字的进学之途。后来，又师从段坚，并深为段坚所赏识。周蕙之学能持守师说，穷通"五经"，且笃信力行，时人以为是"程、朱复出也，咸敬信乐从"。张杰（1421～1472），字立夫，号默斋，陕西凤翔人。张杰于明正统六年（1441）被乡荐，授赵城训导，并在此一时期受学于明代著名理学家薛瑄，从此学业愈加精进，后以母丧归乡，不再仕进，而以讲学授徒为乐。张杰之学以"涵养须用敬，进学在致知"二语为宗旨，并以"五经"作为讲学的内容，从游者颇众，名重一时，学者称之为"五经"先生。张舜典，字心虞，号鸡山，陕西凤翔人，为大儒冯从吾的好友。张舜典在明万历二十二年（1594）中举，后来历任开州（今属河南）学正、湖北鄢陵知县等职。早在为诸生（秀才）时，张舜典"即潜心理学，受知督学德清敬庵许公（许孚远）"，后来又"交江右邹南皋（元标），常州顾泾阳（宪成）二先生，其他缘途明儒，往往造访，以资印证，遂洞见明德识仁之旨"。在辞官后，张舜典讲学乡里，从学者众多，与冯从吾并誉为"东冯西张"。

到了次年二月，李颙又写信给许孙荃，劝其修葺眉县横渠镇的张横渠祠。李颙在信中说："关中之学，横渠先生开先。眉县横渠镇乃其故里也，先生生于斯，长于斯，老于斯，葬于斯，则横渠之为横渠，亦犹曲阜之阙里，英灵精爽，必洋于斯。宋明以来，建有横渠书院，春秋俎豆，以酬功德。万历、天启间，当事之政崇风教者尝加葺修。今年久倾圮，仆窃为叹息！……幸遇执事，加意关学，敢以为请，伏愿量捐冰俸，亟图修复，明振风献，默维道脉，所关岂浅尠哉！"张载作为关中最有影响的大儒，在南宋以来逐渐被学者所推重。元代元贞元年（1295）在原横渠书院的旧址上修建了张横渠祠，作为祭祀和文教的重要场所。此后，张横渠祠在元明两代多次被地方官员修缮。至清代，在顺治二年（1645）曾由张载后人修缮；到了康熙九年（1670），时任眉县知县的梅遇看到饱受兵灾的祠庙破败不堪，于是捐俸修缮。在李颙写这封信的时候，又过去了十五年。许孙荃在接到李颙的书信后，立即捐俸百金加以倡修，并且又扩建了祠庙，使之焕然改观。

事实上，在李颙看来，无论是表彰段坚、周蕙等七位关中大儒，还是修缮张载祠，都是在风励后进，教化士人，敦化风俗，也即其所劝告许孙荃时所说的"皆学政所关，正人心，昭风献，于是乎在"。此外，李颙还向许孙荃建议："顾明学术，不在标宗立旨，别树门户，只在就士所习，表章《四书》"，"督学，学术之宗，人才风教所从出也。以正学为督，则人以正学为尚。学正则心正，心正则立身行己无往非正"，"若夫留意理学，稍知敛华就实，志存经济，务为有用之学者"，等等。李颙的建议反映了他兼收并蓄的开放治学态度，及其通过讲学、正学以正人心的明体适用的学术宗旨，自然得到信守儒家学说的许孙荃的认可。在督学陕西的日子，许孙荃不仅通过李颙深刻了解了许多关中学者的思想及其事迹，并对他们加以表彰，为清初关中学术的发展作出了重大贡献。

在修缮好张横渠祠的次年（康熙二十七年），许孙荃任满告归。约在此时，李颙完成了张舜典遗著的编订，将张舜典的《致曲言》与《明德集》二书，合册定名为《鸡山语要》。《鸡山语要》的编订乃是李颙、许孙荃共同努力的结果，凝结着二人的愿望。可以说是送给许孙荃最好的离别礼物。在《鸡山语要引》中，李颙记叙了编订遗集的过程，其中说："凤翔张鸡山先生，明季理学真儒也。深造自得，洞澈大原，与长安冯少墟先生同时倡道，同为远迩学者所宗。横渠、泾野而后关学为之一振，两先生没而讲会绝响，六十年来提倡无人，士自辞章记诵之外不复知理学为何事、两先生为何人。间有知冯先生者，不过依稀知其为冯侍御、冯司空，有遗书。先生位卑而地僻，并其姓字亦多茫然，人与书泯不传，余有慨于中久矣。顷学宪许公晤余谈学，因语及先生，公肃然起仰，退而躬诣先生故里建坊表章，访其后裔得先生所著《致曲言》《明德集》示余。余窃不自揆，僭为订正，摘其确而粹者，勒为斯编，更题曰《张鸡山语要》。滴水可以识全海。公亟捐俸梓行，俾芜没余名托以弗坠，可谓先生后世之子云矣。公政崇风教，加意理学，行部所至，宿寐名贤，存者式庐，没者阐扬，表前修风，后进启外，知所从事庶不负公杀青之意，而关学坠绪可以复振，实百二河山之幸也。区区敬拭目以望。"可见，虽然冯从吾与张舜典二人在明末曾推动关学的发展，掀起关中讲会的兴盛；但是二人之后关学也开始零落，冯从吾因其遗集在社会上流传，尚被世人依稀所知，而张舜典却因"位卑而地僻"，"人与书泯不传"。许孙荃从李颙处得知此事后，从张舜典后裔处寻访到《致曲言》《明德集》二书，并交付李颙编订。李颙则"摘其确而粹者"节录而成为《鸡山语要》。二人对弘扬关中学术和保存关学文献作出了重要贡献。

李颙在记叙此事时，无不对许孙荃崇尚风教、弘扬关学、彰表关学学者的行为极力褒赞。可见，二人均深感肩负着传续文化命脉的强烈责任，志趣相投，惺惺相惜，也因此结下了深厚的友谊。在濒行之时，许孙荃颇为感伤，赠诗与李颙说："煌煌溯关学，有宋首横渠。异时瞻王吕（王恕、王承裕、吕柟），人远运未疏。亦有鸡山子（张舜典），忾焉世代殊。夫子欻挺出，蔚为时真儒。大旨在力行，春华非所需。胸能破万卷，见不涉方隅。俯仰濂洛后，渊源信其徒。痛父死行间，招魂遍榛芜。母也造违养，追思同厥居。繄余昨登堂，禁足立户枢。坐我母氏祠，言言皆讦谟。识荆快平生，信宿欢有余。与言瓜期及，旦暮归田庐。各天从此远，歧路怅何如？负姿洵謇劣，奚为策玩愚。数公不可作，公实今楷模。愿公示周行，庶免悔吝虞。"在这首临别赠诗中，许孙荃又一次回顾在关中督学时，在李颙介绍下所了解的关中大儒及其成就，所了解的李颙生平、学识、志节等，及自己谒访李颙于贤母祠中，留宿承教等，抒发离别之际的感伤。

许孙荃离开陕西的次年（康熙二十八年，1689），李颙原本平静的生活又不断受到各种方面的影响，甚至其门人也为之感叹："先生艰难一生，垂老尤甚。"然而，或许因李颙门人所撰《历年纪略》，仅记载李颙事迹至康熙二十八年；而李颙晚年又注重闭门隐逸，少与世人相往来。因此，这在某种程度上造成今天我们很难详知李颙晚年的具体情况。现在也仅能通过点滴历史记载，考索和推测李颙的晚年况遇。

据记载，在李颙晚年经历了一些亲人、朋友与门人的离世，这些均颇令李颙感伤不已。诸如，康熙二十八年，老仆李喜与门人王吉相分别病故；康熙二十九年，至友惠思诚病故；康熙三十一年，至友李因笃病故；康熙三十二年，好友张承烈去世；康熙三十九年，至友李柏去世；康熙四十一年，好友王弘撰去世。这么多与李颙关系密切之人的去世，必然会对重情义的李颙产生重要影响。然而，在现存史料中着墨最多的也仅是李颙在李喜、惠思诚去世时的点滴记载。下面简述关于李喜的病逝记载。自顺治五年（1648）年幼的李喜逃难至盩厔，被李颙收留已有四十一年。在这四十一年中，无论李颙遭受何种贫困、何种危难，李喜始终对李颙不离不弃，衷心服侍。可以说，李喜早就融入了李颙的家庭与各种生活，李颙也早已视之为亲人。李喜的病逝让李颙十分悲痛。李颙不仅带领两个儿子泣奠殡丧，而且又不顾年迈体弱亲自躬送下葬。虽然在历史上很少有人表彰仆人，为仆人立传；然而，他们位卑渺小的人生恰恰也有许多可歌可叹之处。

李喜的忠义也感动了一些学者，最典型的莫过于同州王思若在得知李喜去世的消息后，专程为李喜撰写了一篇《义仆传》。其中说："今此仆之事主，岂不知先生安贫而固有乐道以终身，岂复有富贵之望，故为依依欤？"在王思若看来，正是因为李喜深知李颙的志向而不奢望富贵生活，宁愿在饥寒交迫中长年相伴，这即是位卑者的高义之举。在李喜病逝的次年，惠思诚也旋即离世。惠思诚是李颙最为交心的至友，二人交往长达四十年。惠思诚晚年遭受病痛的折磨，而李颙则是挂念满怀，频频遣医送药丝毫不懈怠，并让自己的儿子李慎言前去伺候。俗话说："一生一死，乃见交情。"惠思诚临去世前曾留书与李颙说："诸事皆已了脱，所难夷然者，弟去后吾兄再无一人谈心，为可伤耳！生死交情，言尽于斯。"李颙回忆二人友谊也说："吾两人心孚意契，情同骨肉，四十年于兹矣。"又说："四十年心交，一旦诀别，谊犹骨肉，生死竟不相接，地下人间，从此永隔。自今以往，余有面安向，有舌安施？怅怅前途，何以终老？殆无与乐余生矣！"二人之间生死不渝的友情跃然纸上，感人肺腑！

如果说仆人、至友的去世，让李颙一度为亲情、友情而悲伤；那么是时的关中旱灾不仅让李颙晚年的生活更加艰难，而且旱灾给百姓造成的厄运，也让李颙忧心如焚。李颙曾沉痛地描述旱情说："遍地皆赤，加以蝗螟，草木靡遗，十室九空，人多枵腹，所在抛男弃女，流离载道，颠连万状，惨不忍言。"面对天灾，隐逸在家的李颙无时不关注着旱情，关注着民生，并竭力向地方官员陈述救灾建议。

康熙三十年（1691），当灾情继续恶化时，李颙建议董郡伯"力请督抚具题"，上书救灾。在董郡伯陈情救灾后，李颙又向其提出了六条救灾建议。如关于军粮与民粮折售问题。李颙说："军民皆系朝廷赤子，闻军粮米豆，皆依部价折色，而民量独不蒙折色之恩，岂军皆贫而民独富，军米豆无出，而民独有出乎？且西安之民，数倍于军，岂军之逃亡死丧可悯，而民独不可悯乎？殊非当事仁均泽普之义，谓谊一视同仁，以恤偏苦。"再如，关于兴建水利问题。李颙说："救旱之策，莫要于兴水利以灌田。见今天道又复酷旱，麦豆未种者尚有大半，已种者将及旱死。为今之计，近山临水者，须教之开渠筑堰，引导水泉；高原之地，亦宜教之穿井灌溉，以为明岁夏获之望。"

次年，当布哈由甘肃巡抚调任陕西时，李颙又立刻上书，再次陈述救灾之策。在《与布抚台》一文中，记载了李颙提出的"安集保全遗民""请招怀流离""设督农掌水之官，以大兴农田水利""厚卹善类，以厉风教""作养士气，以培植人才""禁止乐户贩卖良人子女"六条建议。不仅涉及救灾的具体措施，也涉及如何整治在天灾发生后所出现的社会问题。可见，面对灾荒，虽然李颙也曾考虑到自家"以其穷遭奇荒，保生实难"，打算和李柏全家一起逃荒汉南，但是，当他目睹天灾饥民，则满怀恻隐之心，"力劝当事救荒、题荒"，甚至又不断感慨道："顾杯水无补于车薪，奈何？奈何？"这充分展示了李颙不以位卑而心忧黎民的情怀，这也与其"明体适用"的学术追求具有强烈的一致性。

到康熙三十二年，关中的旱情逐渐减轻，流离的百姓逐渐返回家园，社会也渐渐趋于稳定。这一年，李颙的重要著作《二曲集》也刊刻竣工。在前年学使高尔公谒访李颙时，即打算与司寇郑重一起捐俸刊刻《二曲集》。其后，著名学者范鄗鼎（字汉铭，号彪西，世称娄山夫子，曾在康熙二十八年寄书向李颙请益）又寄来所撰序言。此次刊刻的《二曲集》乃是由王心敬编次，其内容包括《悔过自新说》、《学髓》、《两庠汇语》、《靖江语要》、《锡山语要》、《传心录》、《体用全学》、《读书次第》、《东行述》、《南行述》、《东林书院会语》（附《应求录》）、《匡时要务》、《关中书院会约》、《鳌峰答问》、《富平答问》、《观感录》、《襄城记异》、《义林记》、《李氏家传》、《贤母祠》等，共二十六卷，尚缺少现存《二曲集》中所收录的《四书反身录》《垩室杂感》《司牧宝鉴》《历年纪略》《潜确录》，及李颙的书信、题跋、杂著、传、墓志、行略、墓碣和赞等。实际上在此之前，《四书反身录》已由许孙荃捐俸刊布，《垩室杂感》已由王吉相、茹仪凤刊刻，《司牧宝鉴》也由倪雖梧刊行于世。因此得知，在李颙生前其著作多已刊行，这不仅有助于李颙思想学说的传播，也对李颙著述的保存与研究有重要的意义。或许《二曲集》的刊刻，让李颙为自己学说得以广泛流播而感到高兴，也或许让其感到不安，因为李颙也曾自矢说："身隐为文，古有成言。凡序、记、志、铭，一切酬应之作，类非幽人所宜，况病废余生，万念俱灰者乎！即大利陈之于前，大害临之于后，誓于此生，断不操笔。"似乎在李颙看来，自己的一些著述不过是应酬之作，或许会对他人产生负面作用。但这一切只是我们推测，尚无史料可以作进一步的解释。

然而，有详细史料可证的是，在李颙晚年生活中发生的两件极为重要的事情。一是杨甲仁的来访。李颙闻知杨甲仁当是很久前的事情，但是他对杨甲仁学识的最直观了解当莫过于康熙二十四年（1685）杨甲仁介绍自己的弟子傅良辰、张子达前来问学。在傅、张的介绍下，李颙对杨甲仁有了更深入的了解，进而产生了强烈的钦慕之情。甚至在康熙二十六年周星公始任四川督学时，李颙去信告诉周星公，说："贵部射洪县有杨愧庵，讳甲仁，其学不事标末，直探原本，见地超卓，远出来瞿塘（来知德，字矣鲜，号瞿塘，四川著名学者）之上。"他期望周星公对杨甲仁加以表彰。据《二曲集》中所收录的李颙与周星公的两封书信及《书太史周澹园墓碑后》知，周星公曾到富平谒访李颙，二人订交，此后也一直互通书信，乃同道友。也因此当李颙闻知周星公督学四川时，才会请求其表彰杨甲仁。

康熙三十四年九月，杨甲仁以明经入京城，考取了中书，并且讲学礼部。但是，京城的繁华与讲学无法羁留住重视实修的杨甲仁，不久杨甲仁便决意返回四川老家。在返乡途中，杨甲仁特意绕道鳌屋，这时两位惺惺相惜多年的学者才得以相会。这一年，李颙已经是六十九岁。据《愧庵遗集·北游录》记载，九月二十五日，杨甲仁谒访李颙。当二人行过相见礼，李颙便兴奋地说："不肖某慕先生十一年矣，今辱临，实出望外。"既而，二人相与论学，直到夜分之时，余韵仍然未消。李颙每每拍案而起，感叹说："非四川愧庵先生说不到这里，非关中李中孚信不到这里！"又说："白鹿之会，朱文公曰：'自有天地以来，有此溪山，无此嘉客。'吾自有此土室以来，亦从无此嘉客。"可见，二人乍一相见，便有了相知莫逆之感，尤其是在学术思想上二人相契甚深。在李颙那里，杨甲仁也找到了知音，一直流连论学了七日，才决定离去。在杨甲仁走后，李颙立刻给宝鸡弟子李修写了一封信。其中写道："今西蜀杨愧庵先生远来赐顾，喜出望外，切砥累日，受益实宏。世儒之学，由口耳闻见而入，支离葛藤，求诸外；先生之学，由性灵神化而入，直捷简易，得诸中者也。兹由贵邑进栈，机不可失，吾汝钦当竭诚请益。昔人谓：'逢君一夜话，胜读十年书。'快何如也！"李颙告诉李修，杨甲仁将路过宝鸡，让其把握好这次千载难逢的问学请益的机会，可见李颙对杨甲仁的赞许与认可。

另外一件事则为康熙皇帝西巡，赐书李颙"操志高洁"匾额之事。由于长年身处贫困之中，李颙的健康也受到了极大的威胁，到了康熙四十二年（1703），七十七岁的李颙已经卧病在床。十月，康熙西巡到山西时，就向前来迎接的陕西督抚官员咨询李颙的情况。或许是因为过去李颙不断地以疾拒辟的原因，康熙明确表达了到陕西后要召见李颙的愿望。闻听此事后，时任川陕总督的华显在十一月初十康熙尚未到陕西之前，便致书李颙，并且派人肃礼延请李颙到省府西安。华显在书信中谦虚诚恳地说："恭维先生，清渭涵英，华峰毓秀，接程朱之道脉，独继心传；为礼乐之指南，振兴后学。不特三秦士类共藉钧陶，亦且四海儒缨，群归翼励。方今圣明在御，实稽古以崇文。当兹翠节巡方，咸瞻云而就日，敬敷寸牍，恭迓高轩。惟望文斾遥临，望渴枕于三载；蒲轮凤驾，传盛事于千秋。临启曷胜瞻依翘足之至。"此外，华显又给时任盩厔县令的张芳写了手札，安排张芳亲自前去敦请，并交代为李颙准备好去西安的车辆与费用。这时候陕西布政使鄂洛也给盩厔县下达了文书，要求备好丰厚聘礼，踵庐敦请；而且鄂洛也专门给张芳一封书信，强调说："此系制台亲剳，该县须亲自敦请，务求先生来行在接驾。第先生隐处多年，淡薄自甘，恐衣服、轿马、盘费艰难，该县当一一细心料理，可令的当家人服事。"

显然，面对康熙的命令，陕西地方官员不敢有任何违背，时在临潼的张芳在接到华显、鄂洛的书信后，立刻星夜赶回盩厔，并亲自到李颙床前探问情况。当张芳看到李颙卧病在床，身体虚弱不堪，似乎随时都有生命危险，显然也很难经受住路途的颠簸。于是，张芳便与随侍于旁边的李慎言商议，由李慎言再次以疾相辞。然而，还未等张芳拿着李慎言的书信回到省府，驿盐道金世杨就率领两学的官员前来探疾延请李颙。到了十四日，张芳又接到次日康熙到达西安，李颙也须最迟到次日前来接驾的命令。面对这种情况，在没有其他办法的情况下，李慎言只得离开随时都可能出现生命危险的父亲，连夜跟随来人赶赴省府，并将情况亲自上告。过去康熙屡次召见李颙，均不得见，甚至现在到了西安仍无法见到李颙。无奈之下，康熙只好以李颙"高年有疾，不必相强"谕令下达地方官吏，并随赐手书"操志高洁"的匾额及所作的诗章。此外，康熙又向李慎言索要了已刊刻的李颙著作《二曲集》《四书反身录》，以弥补多年未见其人带来的遗憾。

根据史料的记载，似乎可以看出，在康熙赠赐匾额之时，李颙的病情已经十分严重。这一年的冬天，李颙写下或许是其生命中最后的一篇文章——《重修云台观朱子祠记》。云台观朱子祠最初为顾炎武、王弘撰所建。事实上，云台观朱子祠的修建也与李颙有关。李颙在富平与顾炎武谈论《宋鉴》时，曾告诉顾炎武，朱熹尝列衔主管华山云台观，所以云台观应该修建朱子祠以祭祀。因此，顾炎武在寓住华阴王弘撰处时便倡修朱子祠堂，甚至在修建时顾炎武还就朱熹冠服之制问题以书信咨询李颙。然而，王弘撰已于康熙四十一年去世，顾炎武更早在康熙二十一年亡故。在得知重修二十余年前亡友所建云台观的消息后，李颙为亡友感到欣慰，产生了强烈的缅怀亡友之情。或许正是亡友之故，卧病中的李颙接受了教谕李夔龙的邀请，强支撑起羸弱的身体，坚持用其不断颤抖的手写下了这篇文章。在这篇文章中，即将走到生命尽头的李颙仍念念不忘的是学术，是儒家的教化之道。他说："天下之治乱，视乎政教之盛衰；政教之盛衰，视乎学术之邪正；学术不正，则政教无所施，其权而不至，率天下而充塞乎仁义者几希矣。吾与以法制禁令之不从，无宁使之拜跪俯仰，观感而兴，起之以渐也，则斯举所以维风教、正学术，而大臣之职，与其学俱见矣，故不辞而为之记。"在李颙看来，学术乃政教的根基，二者相表里；而明清易代的动荡，学术晦暗、政教零落的现实，让李颙再一次为平生追求的志业呐喊。李颙一生所孜孜追求的学术并

122

不是为了一己之私，而是关乎世风的移易，关乎政教的盛衰，关乎国家的兴亡，这是人世间最具价值、最令人为之奋斗的大志业！

虽然现存史料很难再找到李颙在撰写《重修云台观朱子祠记》之后的事迹，但是可以肯定的是，这位饱经了世事沧桑的一代大儒，即便是坚卧于病榻，也不会停止他的讲学，停止他的思考，停止阐发对学术、对教化的点滴看法……直到康熙四十四年（1705）四月十五日，李颙在困窘中走完了他光辉而又充实的一生，时年七十九岁。

第7章

思想主旨

一、思想渊源

在清初思想界，李颙以"坚苦力学，无师而成"著称，不仅被时人认为是"关中正脉"，而且与孙奇逢、黄宗羲被并誉为"三大儒"。李颙之所以受到如此高的赞誉，除了其志行高洁之外，也与其思想的博大与深邃有密切关系。关于其思想的渊源，也成为李颙研究的重要问题。大致而言，有以下两个方面。

旁涉百家、归宗于儒

从学术发展历程看，李颙思想的发展经历了一个博览到返约的过程。博览是其思想形成的前提基础。据史料载，李颙在三十岁左右就提出了较为成熟的思想——"悔过自新说"，"其学为之一变"。但在这之前李颙曾广泛地阅读大量各类典籍，其中有《大学》、《中庸》、《论语》、《孟子》、《周易》、《周钟制义》、《春秋》三传、《性理大全》、《伊洛渊源录》、《冯少墟先生集》、《小学》、《近思录》、《程子遗书》、《朱子大全集》、《九经郝氏解》、《十三经注疏》、《资治通鉴》、《资治通鉴纲目》、《通鉴纪事本末》、《大学衍义》、《文献通考》、《通典》、《通志》、《廿一史》、《道藏》、《释藏》等；又于天文河图、九流百技、稗官野史、壬奇遁甲等靡不研极。如此广泛的研读，对李颙思想的形成与发展产生了重要影响。概言之，主要有二。

其一，十九岁时，李颙偶得《周钟制义》，见其阐发义理透畅，尤其是言及忠孝节义时慷慨悲壮，遂被其吸引，并玩摹成文。但是，当李颙闻知周钟失节不终时，不仅立刻将自己的模拟之作焚毁，而且认为"文人之不足信、文名之不足重如此，自是绝口不道文艺"，摒弃科举俗文。也在是年，当李颙研读《性理大全》《伊洛渊源录》等著作时，被宋代理学家周敦颐、二程（程颢、程颐）、张载、朱熹等人的言行思想所震动，他掩卷叹曰："此吾儒正宗，学而不如此，非夫也！"此外，约早于这一时期，李颙也读过《冯少墟先生集》，并"恍然悟圣学渊源，乃一意究心经史，求其要领"。可见，通过研读宋明儒著作，李颙逐步信奉儒学，而且向往日笃，这也是李颙思想发展过程中的第一次转向。继后，在阅读各类典籍时，李颙始终站在自己所领悟的儒家思想基础上阐发阅读体会。他不仅撰写了《十三经注疏纠谬》《廿一史纠谬》等，批判或纠谬前儒之说；也核验《道藏》的玄科三洞、四辅、三十六类等，批驳其中的荒唐言论；并辨析《释藏》中经、论、律三藏中的谬悠；甚至，对其所寓目的西洋教典、外域异书等也探究其中的幻妄，随说纠正。

其二，在二十九岁左右，李颙撰写了《帝学宏纲》《经筵僭拟》《经世蠡测》《时务急著》等著作。虽然这些著作早已亡佚，但是通过时人的一些评价仍可以看出当时李颙思想的特点。骆钟麟说："先生甫弱冠，即以康济为心，尝著《帝学宏纲》《经筵僭拟》《经世蠡测》《时务急著》诸书，其中天德王道，悲天悯人，凡政体所关，靡不规画。"刘宗泗也说："先生少时慕程伊川上书阙下，邵尧夫慷慨功名，遂有康济斯世之志。尝著《帝学宏纲》《经筵僭拟》《经世蠡测》《时务急著》等书，忧时论世，悲天悯人，盖不啻三致意焉。"可见，是时李颙为学已经摒弃了晚明以来务虚空谈的学风，初步形成了终生所持守的躬行实践、开物成务、康济时艰的经世致用思想。

虽然李颙在三十岁之前尚未形成成熟的思想，提出自己的重要学术见解；但是也正是这些广泛的阅读与思考，使李颙深受影响，尤其是在阅读中受到宋明理学家人格与思想的影响。在李颙思想成熟时期的著作中，前期的一些阅读痕迹依然存在，最典型也常常饱受争议的例子，即是李颙采用了"念""照""觉""顿渐"等佛教词汇，甚至采用某些类似佛教心性论的阐述方式，来阐述自己的思想。

陆王为本、兼摄程朱

宋明理学分为程（二程）朱（朱熹）、陆（陆九渊）王（王守仁）两大派，而且自南宋以来，两派互相论难。自明代中期以来，王阳明所倡导的心学"流传逾百年，其教大行"，以致"笃信程朱，不迁异说者，无复几人"。然而，在心学大行，流弊日增的情况下，众多的士大夫却远离了儒学经世致用的传统，空谈心性、束书不观、游谈无根、"蒙然张口，如坐

126

云雾"，甚至"置四海之穷困不言"，弃国家与民族的安危于不顾，最终致使"神州荡覆，宗社丘墟"。这也是清初许多学者在回顾和反思明亡教训时的共识。他们一方面将批判的矛头指向王学，痛斥其"言矜骄而无实"，"生民祸乱"；另一方面也纷纷肯定程朱之学，认为"欲正姚江（王守仁）之非，当得紫阳（朱熹）之真"，将程朱之学作为纠正陆王之学的武器。

在时风的影响下，李颙也进行了自己的学术判别与选择。与崇尚程朱黜贬陆王的时风不同，李颙通过梳理儒学史较为客观地作出了自己的判断，形成了以陆王为本、兼摄程朱的学术选择。他说："学术之有程朱，有陆王，犹车之有左轮，有右轮，缺一不可，尊一辟一皆偏也。""姚江、考亭之旨，不至偏废，下学上达，一以贯之矣。故学问两相资则两相成，两相辟则两相病。"李颙认为，程朱、陆王均是儒家学术不可偏废的思想学说，各有其所得，需要兼收并蓄，相资相成，不可轻易相诋毁。显然，李颙的这种看法是十分开放的，反对武断地崇程朱黜陆王的主流思想。在他看来，程朱、陆王虽然各有所长，均有大功于世教人心，但是在各自的发展过程中也均衍生了一些弊病。诸如他说："孟子而后，学知求心，若象山之'先立乎其大'、阳明之'致良知'，简易直截，令人当下直得心要，可为千古一快。而末流承传不能无弊，往往略工夫而谈本体，舍下学而务上达，不失之空疏杜撰鲜实用，则失之恍忽虚寂杂于禅。程子言'涵养须用敬，进学在致知'，朱子约之为'主敬穷理'，以轨一学者，使人知行并进，深得孔门'博约'家法。而其末流之弊，高者做工夫而昧本体，事现在而忘源头；卑者没溺于文义，葛藤于论说，辨门户同异而已。"这也是李颙从总体上对程朱、陆王的优长与流弊的集中揭示。在

127

上述揭示中，李颙对程朱、陆王本人的思想是十分肯定的，他曾说，"尊朱即所以尊孔""朱之教人，循循有序，恪守洙泗家法，中正平实，即便初学""陆之教人，一洗支离锢蔽之陋，在儒中最为儆切，令人于言下爽畅醒豁，有以自得""（王守仁）倡'致良知'直指人心一念独知之微，以为是王霸、义利、人鬼关也。当机觌体直下，令人洞悟本性，简易痛快，大有功于世教"，等等。可见，李颙所批判的只是程朱、陆王之学在发展过程中所衍生的"略工夫而谈本体，舍下学而务上达""失之恍忽虚寂杂于禅""做工夫而昧本体，事现在而忘源头""没溺于文义，葛藤于论说，辨门户同异"的流弊。

事实上，在李颙看来，儒家学说的发展是在循环中前进的，当一种学说在发展中出现流弊时，必然会出现另一种补救的学说。他说："先儒倡道，皆随时补救，正如人之患病，受症不同，故投药也亦异。孟氏而后，学术堕于训诂词章，故宋儒出而救之以'主敬穷理'；晦庵之后，又堕于支离葛藤，故阳明出而救之以'致良知'，令人当下有得。及其久也，易至于谈本体而略工夫，于是东林顾、高诸公及关中冯少墟出而救之以'敬修止善'。若夫今日，吾人通病在于昧义命，鲜羞恶，而礼义廉耻之大闲，多荡而不可问。苟有真正大君子深心世道，志切拯救者，所宜力扶义命，力振廉耻，使义命明而廉耻兴，则大闲藉以不逾，纲常赖以不毁，乃所以救世而济时也。当务之急，莫切于此。"宋儒的"主敬穷理"针对的是孟子之后汉唐儒学的训诂词章之弊，王守仁的良知说则是针对程朱之学发展中出现支离葛藤的弊病，顾宪成、高攀龙、冯从吾等人的学说又针对的是王学末流高谈"本体"而忽略"工夫"的弊病；而针对当时通病的学术剂方则是"力扶义命""力振廉耻"、振兴纲常。

如何从学说思想上做到"救世济时""力扶义命""力振廉耻"、振兴纲常？李颙认为："吾人生乎其后，当鉴偏救弊，舍短取长，以孔子为宗，以孟氏为导，以程朱、陆王为辅，'先立乎其大'、'致良知'以明本体，'居敬穷理'、'涵养省察'以做工夫，既不失之支离，又不堕于空寂，内外兼诣，下学上达，一以贯之。"显然，李颙在推崇孔孟之道的前提下，兼顾程朱、陆王之学，试图将二者圆融在自己的思想体系中。如何兼收并蓄？李颙提出了以陆王"先立乎其大""致良知"明本体，以程朱"居敬穷理""涵养省察""做工夫"的学术理路。实际上，李颙这种学术理路，并不是简单地折中调和程朱与陆王，而是以陆王为本，兼摄程朱；在"先立乎其大""致良知"、发明人之本心、挺立人的价值主体的基础上，再以程朱之学补救陆王之学在发展过程中出现的"舍矩言心"的弊病。诸如他说："若夫良知之说，虽与程朱少异，然得此提唱，人始知契大原，敦大本。自识性灵，自见本面，夫然后主敬穷理，存养省察，方有着落。"显然，他认为为学要先识得良知本体，再辅以主敬穷理、存养省察的"工夫"，只有"识得本体"才能"好做工夫"，"做好工夫，方算本体"，体用不离，乃是明体达用的实学。

综上，虽然学术界有学者或认为李颙"确宗程朱家法"，或认为李颙"开出朱王以外的第三条路线"；但是，从总体上看，李颙之学虽兼取程朱"工夫"理路，但思想根基仍是陆王之学，具有强烈的心学义趣，这也多为前贤所肯定，诸如有学者认为"容（颙）之学本于姚江""其说仍本于王守仁""其趣颇近乎姚江""王学后劲""大本皆宗阳明""其主干和实质则是阳明心学"。

二、人生本原

在儒家传统思想里所谈到的形而上本体，往往具有道德的属性。宋明以来，儒家学者在描述本体时常常用道体、性体与心体来言说。道体就天道而言，乃指创生万物的宇宙本性（天道、天命）。这种宇宙本性又附有道德性，其下贯到个体之中，就客观方面说则为性体，这也是人的道德实践之所以可能的超越根据；从主观方面说则为心体，即为内在于人而又能够产生道德行为的形上本心，而非血肉之心、心理学之心，也不是认知之心。道体、性体、心体三者虽异名但实为一体。在《二曲集》中，李颙言及"本体"处非常多，不仅从道体处揭示，也从性体、心体处阐述，而其中对"人生本原"的揭示则是其本体论的重心。

李颙对人生本原的探讨，不仅具有鲜明的时代性，也与自己生平境遇有关。明亡清兴，社会动荡，人生如浮萍，思想无定主，如何在易代之际贞定生命的价值与意义？因家贫而困顿不堪，因声名而招致众人嫉恨，因持节而屡被征辟，又如何在这些困境中不动其心，安身立命呢？显然，这些攸关身心性命的问题，促使了李颙对人生本原的探讨。

李颙说："天地之性人为贵。人也者，禀天地之气以成身，即得天地之理以为性。此性之量，本与天地同其大；此性之灵，本与日月合其明。本至善无恶，至粹无瑕。"他认为，禀天地之气而有人之身形，得天地之理而有人之性。此"至善无恶，至粹无瑕"的天地之性，即为人生本原。李颙经常以"灵

130

原"来喻指人生本原。《二曲集·学髓》中描述"灵原"时说："此天之所以与我者也。生时一物不曾带来，惟是此来；死时一物不能带去，惟是此去。故学人终生孜孜，惟事此为人生第一要务"；"人人具有此灵原，良知良能，随感而应"；"无声无臭，廓然无对；寂而能照应，应而恒寂"；"形骸有少有壮，有老有死，而此一点灵原，无少无壮，无老无死，塞天地，贯古今，此皆灵原之实际"；"无声无臭，不睹不闻。虚而灵，寂而神，量无不包，明无不烛，顺应无不咸宜"，"目赖此而明，耳赖此而聪，足赖此而重，手赖此而恭。四端五常，三千三百，经纶参赞，赖此以为本"，等等。在李颙看来，灵原乃是人人先天所具有的至善本性（本体），这也是天地万物之所以得以存在的根据，当然也是学者所要追求的最终价值目标。虽然这种本性具有虚、明、寂、定，无形无象等特征，但又并非不可企及，只要终日努力，时时提撕，则可以察悟，进而达到安身立命。可见，李颙对灵原的众多描述，乃在于为人性提供至善的形上保证；人之所以为人，人之所存在即是在于这种具有道德意义的形上本体。

事实上，从思想理路上看，李颙对"灵原"的分析乃是转化了孟子的良知良能说，张载、朱熹的"天地之性"，陆九渊的"先立乎其大"，王守仁的"致良知"等思想。尤其是，在王守仁那里，也已经提出了"灵明"说。诸如："天地万物，与人原是一体，其发窍之最精处，是人心一点灵明"，"充天塞地中间，只有这个灵明。人只为形体自间隔了。我的灵明便是天、地、鬼、神的主宰，天没有我的灵明，谁去仰他高？地没有我的灵明，谁去俯他深？鬼、神没有我的灵明，谁去辨他吉、凶、灾、祥？天、地、鬼、神、万物，离却我的灵明，便没有天、地、鬼、神、万物了；我的灵明离却天、地、鬼、神、万物，亦没有我的灵明。如此，便是一气流通的，如何与他间隔得？"在王守仁看来，灵明既是人心至善境界的展示，又是良知良能的体现。当人的主体精神扩充至万事万物，与之融为一体时，主体之外的事物就不再受良知良能、道德本心的支配与涵摄了。显然，李颙以"通塞天地万物，上下古今，皆次灵原之实际""虚而灵、寂而神，量无不包，明无不烛，顺应无不咸宜"等言论所描述的"灵原"和王守仁的思想并无二致，都是对心体有效的揭示。

除了以"灵原"来言说本体之外，李颙还采用了"良知良能""性灵""明德""圣胎"等词汇。诸如，"人人具有此灵原，良知良能，随感而应""自识性灵，自见本面，日用之间，炯然焕然，无不快然自得""'明德'之在人，本与天地合德而日月合明""天赋本面，一朝顿豁，此圣胎也"。事实上，在《二曲集》中还可以发现其他诸多词汇用以表达本体，这些无固定语言的表达，仅是起到"言诠"的作用。似乎在李颙看来，表达本体时应该随处言说，不必拘泥于固定语言。

三、悔过自新

在李颙看来，人禀天地之气而有形体，人得天地之理而有至善本性。然而，在现实中却存在许多人寡廉鲜耻，昧于功利，这似乎与人人先天具有的至善本性存在抵牾。为什么会出现这种现象？李颙认为："本至善无恶，至粹无暇；人多为气质所蔽，情欲所牵，习俗所囿，时势所移，知诱物化，旋失厥初。渐剥渐蚀，迁流弗觉，以致卑鄙乖谬，甘心坠落于小人之归，甚至虽具人形，而其所为有不远于禽兽者。此岂性之罪也哉？然虽渝于小人禽兽之域，而其本性之与天地合德、日月合明者，固未始不廓然朗然而常在也；顾人自信不及，故轻弃之耳。辟如明镜蔽于尘垢，而光体未尝不在；又如宝珠陷于粪坑，而宝气未尝不存，诚能加刮磨洗剔之功，则垢尽秽去，光体宝气自尔如初矣，何尝有少损哉！"李颙认为，现实生活中之所以出现众多不良现象，并不在于至善的灵原本性，灵原本性依然是廓然朗然而常在的，只是因为人生而所禀的气质之性存在厚薄之分，进而造成了后天受情欲、习俗、时事、知诱等外界因素的左右，从而遮蔽了灵原本性，使其无法呈现。如果继续遮蔽灵原，则会逐渐发展到成为小人甚至禽兽的境地。而只有作"刮磨洗剔的工夫"，摒弃种种遮蔽，才能呈现灵原本性。可见，李颙的这一思想存在张载、程朱的天地之性、气质之性学说的痕迹，又吸收了陆王以情欲、环境阐述"恶"的理路。在此思想基础上，李颙提出了"悔过自新说"。悔过自新说是李颙一生中最先提出的重要思想，且终生加以持守。

何谓"悔过自新说"？在李颙看来，"过"既可以指如陈元不孝、徐庶任侠、周处横行类恶行（身过），也可以指张载、谢良佐、吴澄、王守仁、罗念庵等理学家为学时的歧出（心过），因此"悔过"也包括思过与改过两个方面。"新"则是复、反的过程。李颙认为："性，吾自性也；德，吾自德也。我固有之，曷言乎新？新者，复其故之谓也，辟如日之在天，夕而沉，朝而升，光体不增不损，今无异作，故能常新。若于本体之外，欲有所增加以为新，是喜新好异者之为，而非圣人之所谓新矣。"可见，"自新"不过是恢复人人所具有的灵原本性。事实上，"悔过"与"自新"都是通过摒除遮蔽，呈现灵原本体的"工夫","自新"也是"悔过",二者是二而一的关系。因此，可以说李颙的"悔过自新说"强调的是通过人主体的能动性，进行"复性""反本"的"工夫"。在李颙看来，这种"复性、反本的工夫"恰恰又是历史上的儒家学者持守的不变法门。他说："古今名儒倡道救世者非一：或以'主敬穷理'标宗，或以'先立乎其大'标宗，或以'心之精神为圣'标宗，或以'自然'标宗，或以'复性'标宗，或以'致良知'标宗，或以'随处体认'标宗，或以'正修'标宗，或以'知止'标宗，或以'明德'标宗。虽各家宗旨不同，要之总不出'悔过自新'四字，总是开人以悔过自新的门路，但不曾揭出此四字，所以当时讲学，费许多辞说。愚谓不若直提'悔过自新'四字为说，庶当下便有依据，所谓'心不妄用，功不杂施，丹府一粒，点铁成金也'。"李颙认为，以往的诸多学者虽然阐发了表面看似不同的思想，但其思想内核则是悔过自新。诸如朱熹的"主敬穷理"、陆九渊的"先立乎其大"、杨简的"心之精神为圣"、陈献章的"自然"、薛瑄的"复性"、王守仁的"致良知"、湛若水的"随处体认"，等等，均不离"悔过自新"四字，只是他们未曾明确揭示出而已。可见，李颙在阐述时，虽然援引了程朱学派的朱熹、薛瑄等，但更广泛地援引陆王学者，试图在心性修养方面弥合程朱、陆王的差异。显然，李颙这种阐述也是为其悔过自新说寻找到历史上的根据。

如何"悔过自新"？李颙认为需要从起心动念处入手，以转念的方式悔过。他说："殊不知君子小人、人类禽兽之分，只在一转念间耳。苟向来所为是禽兽，从今一旦改图，即为人矣；向来所为是小人，从今一旦改图，即为君子矣。"又说：

"同志者苟留心此学，必须于起心动念处潜体密验。苟有一念未纯于理，即是过，即当悔而去之；苟有一息稍涉于懈，即非新，即当振而起之。若在未尝学问之人，亦必且先检身过，次检心过，悔其前非，断其后续，亦期至于无一念之不纯，无一息之稍懈而后已。盖人之所造，浅深不同，故其为过，亦巨细各异，探而剔之，存乎其人于以诞登圣域，斯无难矣。"在这里，李颙提出了"念"的思想。一念之间，君子与小人、人类与禽兽截然判别为二，转念之间小人可以为君子。但是，每个人的先天禀赋不同，所过也存在着差别，因此不仅要分析是身过还是心过，更要区别对待不同人之过，进而选择不同的方法悔过自新。进而，李颙又认为："众见之过，犹易惩艾；独处之过，最足障道。何者？过在隐伏，潜而未彰，人于此时最所易忽；且多容养爱护之意，以为鬼神不我觉也。岂知莫见乎隐，莫显乎微，舜跖人禽，于是乎判，故慎独要焉。"李颙根据对象的不同，将"过"分为"众见之过"与"独处之过"。众见之过显而易见，可以很容易发现并以改过。而"独处之过"则不同，常常是隐潜于幽微之处，没有得到彰显，多为人所忽略。因此，这种"过"具有较强的隐蔽性，克制难度较大，且又往往因其未被察觉，而长期遮蔽人心灵原，造成了巨大危害。显然，克制"潜而未彰"的"独处之过"乃是李颙强调的重点。

如何克制"独处之过"？李颙提出了"慎独"的方法。"慎独"源自《大学》与《中庸》。《大学》说："所谓诚其意者，毋自欺也。如恶恶臭，如好好色，此之谓自谦，故君子必慎其独也。""慎其独"即为"慎独"，当指当人独处闲居之时，应该诚实毋自欺，谨慎自己的意念与行为。《中庸》说：

"天命之谓性，率性之谓道，修道之谓教。道也者，不可须臾离也，可离非道也。是故，君子戒慎乎其所不睹，恐惧乎其所不闻。莫见乎隐，莫显乎微，故君子慎其独也。"《中庸》则更明确主张独处时，要戒慎于不可睹闻的内心隐微之处。如果不戒慎，意念欲望萌生，则会遮蔽天命下贯于人的性体，也便远离了道。《中庸》将"慎独"的"工夫"与儒家的终极之道相联系起来，这对后世儒家学者影响甚大。到了刘宗周则明确以"慎独"作为"学问第一要义"。李颙在"悔过自新说"中探索"慎独"的"工夫"，显然是受到上述影响。当其弟子以朱熹"独者，人所不知而己所独知之地也"的训释来请教时，李颙则说："不要引训诂，须反己实实体认。凡有对便非独，独则无对，即各人一念之灵明是也。"在李颙看来，朱熹以训诂的方式所得到独知之说，乃是停留于经验层面，是不可取的；真正的"独"当是"无对"，即人人具有的灵明本体。也只有这种灵明本体才能作为"仁义之根，万善之源，彻始彻终，彻内彻外，更无他作主，惟此作主"。据此看，李颙的慎独说更多的是发挥了《中庸》思想，阐述的是道德的形上本体。

关于"慎"，李颙则认为："'慎'之云者，朝乾夕惕，时时畏敬，不使一毫牵于感情，滞于名义，以至人事之得失，境遇之须逆，造次颠沛，生死患难，咸湛湛澄澄，内外罔间，而不为所转，夫是之谓'慎'。"从表面看，李颙以"朝乾夕惕，时时畏敬"论"慎"，和程颐"主一之谓敬"，朱熹"常惺惺法""收敛身心，整齐纯一，不恁地放纵"等具有相通相似之处，但实际上李颙的"慎""敬"，不存在程朱的"专一""虚静"之义，而是强调通过"敬"收摄身心，直截了当地体认灵明本体，摒除对本体的种种遮蔽。这也是以"工夫"上合本体的提撕修养的途径。

此外，在《二曲集·南行述》中也记载了一段李颙对"慎独"的阐发，他说："慎独乎，独慎耶？知慎独、独慎之义，而后慎可得而言也……'慎之'云者，藉工夫以维本体也；'独慎'云者，即本体以为工夫也。藉工夫以维本体，譬之三军然。三军本以听主帅之役使，然非三军小心巡擎，则主帅亦无从而安；非主帅明敏严整，则三军亦无主，谁为之驭？"何谓"主帅"？李颙又说："即各人心中一念惺惺者是也。此之谓一身之主，再无与偶，故名曰'独'。慎之者，藉巡擎以卫此主也。然主若不明，虽欲慎，谁为慎？吾故曰'慎独、独慎之义明，而后可得而言'者，此也。"在这里，李颙以主帅与三军来拟喻"慎"与"独"的关系。"独"乃是从本体角度言说，"慎"则是以"工夫"角度言说。从"独"看，人生的大本大原朗然呈现，人生的价值意义得以挺立，这也是首要之事，是"立乎其大"；从"慎"看，避免了"心意散乱"，无所适从，人生有了目标和追求。"慎独"是"藉工夫以维本体"；"独慎"是"即本体以为工夫"。本体与"工夫"相即不离，"工夫"与本体合而为一。可见，李颙以慎独来阐述"悔过自新说"，依然走的是陆王心学之路，强调的是内省与体证。

然而，在儒家传统思想里，人们因所禀受的气质的不同，内省和体证的能力也存在诸多的差别。李颙在阐述悔过自新说时也察觉了这种差别，并基于这种差别提出了顿悟顿修与渐修渐悟两种实践途径。他说："悔过之学，可以语中才，即可以语上士。上士之于过也，知其过皆由于吾心，直取其根源，划除之已耳，故其为力也易。若中才则必功积之久，静极而明生，而后可以惩忿窒欲，故其为力也难，然至于悟，则一也。"

悔过自新，不外乎是恢复人的灵原本性。虽然悔过自新可以适用于上士、中才之人，但是因先天的禀赋存在差异，上士与中才所作的"工夫"也存在不同：上士面对"过"，能立刻明了根源所在，直截了当地从心入手，其"工夫"简易便捷；而中才面对过，则需要长期的体证参悟，只有静默潜修到一定程度才能惩忿窒欲，体证到过的根源，所作"工夫"自然是艰难烦琐的。进而，李颙又说："盖上根之人，顿悟顿修，名为'解悟'；中才之人，渐修渐悟，名为'证悟'。吾人但期于悟，无期于顿可矣。"可见，李颙提出了两种不同的悔过自新的途径：一是顿悟顿修的"解悟"，一是渐修渐悟的"证悟"。在李颙看来，虽然最终的"悟"，都是要恢复灵原本体，但为力有深浅、烦简之别，因此对绝大多数中才之人来说，还是需要持守较为平实的证悟之途。

事实上，无论李颙如何诠解悔过自新，其归根在于补救世道人心。李颙认为："恶人肯自新，恶人可以为善人；小人肯自新，小人可以为君子"，"天子能悔过自新，则君极建而天下以之平；诸侯能悔过自新，则侯度贞而国以之治；大夫能悔过自新，则臣道立而家以之齐；士庶人能悔过自新，则德业日隆而身以之修，又何弗包举统摄焉"。可见，在李颙看来，悔过自新乃是一切学问一切教化的"肯綮"之处，存在于"日用实际"之间。通过悔过自新，使人人具有的至善而又光明的灵原得以显现，整个社会的道德水平必然会得到极大的提升，社会风貌也必然为之一新。因此，当樊嶷读到李颙《悔过自新说》时，情不自禁地感叹道："余谓满街能悔过自新，安见满街之不可为圣人?!""余谓个个能悔过自新，安见个个之不可为仲尼?!"

138

四、明体适用

约在"悔过自新说"提出的同时，李颙也阐发了自己的另一个重要的思想——"明体适用"。明体适用最早见之于李颙三十岁所作的《盩厔答问》中，其中说："儒者之学，明体适用之学也。"大致而言，李颙之所以有此论，乃着眼于两个方面而言。一方面，是基于儒学本身的特点与"明体适用"学说发展的历史。从儒学本身的特点看，与佛、道相比较儒学具有强烈的入世性质，是现世的学问，以经世致用为其重要的内容，所以李颙说："吾儒之教，原以经世为宗。"从"明体适用"学说的发展历史看，早在北宋胡瑗（993~1059，字翼之，世称安定先生）那里就标榜"明体达用之学"，到了明代舒芬（1484~1527，字国裳，号梓溪）、吕坤（1536~1618，字叔简，号新吾）、刘宗周（1578~1645，字起东，别号念台，世称蕺山先生）等儒家学者，又进一步提出并论证了"明体适用"思想。显然，时至李颙直截了当地说"儒者之学，明体适用之学也"是有其思想渊源可循的。另一方面，明代中后期以来，王学末流的空疏之学给时风、士风造成了巨大的不良影响。李颙曾如是论说："儒学明晦，不止系士风盛衰，实关系生民休戚，世运否泰。儒学明，则士之所习者，明体适用之正业，处也有守，出也有为，生民蒙其利济，而世运宁有不泰？儒学晦，则士之所攻者，词章记诵之末技，处也无守，出也无为，生民毫无所赖，而世运宁有不否？"儒学不明，士风不盛，百姓无所赖，世运无法安宁，而提倡"明体适用"，有助于重塑儒家学者的社会使命感，教化风俗。可见，李颙重新阐发"明体适用"有明确的现实针对性。

何谓"明体适用"？李颙说："穷理致知，反之于内，则识心悟性，实修实证；达之于外，则开物成务，康济群生。夫是之谓'明体适用'。"在李颙看来，明体适用乃是儒家学说的特色，其内容包括"反之于内"的"识心悟性，实修实证"与"达之于外"的"开物成务，康济群生"两个方面。如果再联系李颙后来所说的"明道存心以为体，经世宰物以为用"，可以很明确地看出，李颙所说的"体"乃是"明道存心"，"用"则是"经世宰物"。"识心悟性，实修实证"是"明体"，"开物成务，康济群生"为"适用"。换句话说，体证超越的灵原本体、修心养性为"明体"，乃是儒家的"内圣"的"工夫"；本体的现实呈现，经世宰物则为"适用"，即儒家的"外王"实践。显然，李颙明体适用说采用的是儒家传统的"体用"思维模式，表达的是儒家内圣外王的理想追求。

事实上，在宋明儒学中"体用"作为一种哲学范畴，常常被以不同的方式论及，不仅讨论体用之别，更讨论体用不离、体用一源的现象。李颙对体用关系的讨论也不例外。在李颙论述"明体适用"的言论中，最典型之处在其对《大学》中三纲（明明德、亲民、止于至善）、八目（格物、致知、诚意、正心、修身、齐家、治国、平天下）的分析。从总体上看，《大学》中三纲、八目强调的是"修己以安百姓"，修己乃治人的前提，修己的目的是为了齐家、治国、平天下，将儒家思想中的道德论与政治论结合起来，熔内圣与外王于一炉。据《二曲集·四书反身录·大学》记载："问体用？曰：'明德'是体，'明明德'是明体；'亲民'是用，'明明德于天下'，'作新民'，是适用。格、致、诚、正、修，乃明之之实；齐、治、均平乃新之实。纯乎天理而弗杂，方是止于至善。"在李颙这段分析中，从体用有别看，李颙将何为体、何为用一一标举出来："明德"为体，"明明德"为明体，格、致、诚、正、修则为"明"的"工夫"；"亲民"为用，"新民"为适用，齐、治、均平乃为"新"的"工夫"。然而，当明明德（明体）于天下而成就新民则是"适用"时，"体"中便有了"用"，"用"中又有"体"，体用则为一源。李颙又说："明德即心，心本至灵，不昧其灵，便是'明明德'。心本与万物为一体，不自分彼此，便是'亲民'。心本'至善'，不自有其善，便是'止于至善'。"至灵本心即为灵原本体，本体呈现于万物，即为"亲民"，又是在阐述体用不离之义。关于此类体用关系的阐述，在《二曲集》中颇多，又如李颙说："识得未发真体，则变动云为，无适非不睹不闻之所统摄而运用，大本达道，位育齐收，身心世界，至此方为合一。"此处，李颙以未发为真体，已发为其用。然而，在未发、已发之时，体用均未尝相离，而"大本达道，位育齐收"则又是阐述体用一源之义。

也正是基于对儒家传统思想中体用关系的深刻理解，李颙在阐述"明体适用"时，强调有体有用的"体用全学"。他说："明道存心以为体，经世宰物以为用，则'体'为真体，'用'为真用……苟内不足以明道存心，外不足以经世宰物，则'体'为虚体，'用'为无用。""道德为人所需，则式其仪范，振聋觉聩，朗人心之长夜；经济为人所需，则赖其匡定，拯溺亨屯，翊世运于熙隆：二者为宇宙之元气，生人之命脉，乃所必需，而一日不可无焉者。然道德而不见之经济，则有体无用，迂阔而远于事情；经济而不本于道德，则有用无体，苟且而杂乎功利：各居一偏，终非全儒。"李颙认为，明道存心之道德与经世宰物之经济二者对于人来说，均是日用所需，一日不可无。换言之，前者之体与后者之用相得益彰，便是真体真用。然而，当一味关注道德而忽略经济则是"有体无用"，一味关注经济而忽略道德则是"有用无体"，这两种情况各沦入歧途，非全儒所为。而李颙所认为的全儒、真儒当具备"明体适用""全体大用"的修为与实践。换句话说，道德修养与经世致用的实践应当具有一致性，内圣与外王应当融为一体。因此，李颙在阐述"明体适用"时坚持体用不离，反对各居一偏的情况，甚至认为："明体适用，乃人生性分之所不容已，学焉而昧乎此，即失其所以为人矣！明体而不适于用，便是腐儒；适用而不本明体，便是霸儒；既不明体，又不适用，徒灭裂于口耳伎俩之末，便是异端。"

在阐述体与用（明体与适用）时，李颙又并非是将二者置于同等的高度，而是认为"大本立而道行，以之经世宰物，犹水之有源，千流万脉，自时出而无穷"，强调"体"的优先性，强调明体。诸如他说："学问要识本体，然后好做好工夫。"只有"先立乎其大"，实证实修，才能有效地推动经世宰物的适用实践，并使之永获精神支撑，常驻生命力，自强不息。此外，为了避免因"人多事事而不事心，好奇而不好平"、功名利禄等迷失了方向，李颙又认为适用实践中要"返本返源"，提撕自己，体证灵原本体，所以他认为："若事功节义，一一出之至性，率自平常，而胸中绝无事功节义之见，方是真事功，真节义。"即他认为所谓的真事功、真节义是本体在实践中的呈现，而不是受制于心智与欲望。

值得注意的是，李颙一生为学注重明体适用，将明学术、提撕人心作为自己匡时志业。他说："夫天下之大根本，莫过于人心；天下之大肯綮，莫过于提醒天下之人心。然欲醒人心，惟在明学术，此在今日为匡时第一要务。"也是基于此，李颙生平注重讲学，认为"立人达人，全在讲学；移风易俗，全在讲学；拨乱返治，全在讲学；旋乾转坤，全在讲学。为上为德，为下为民，莫不由此"。讲学成为李颙践履明体适用思想最有力的明证。在讲学的过程中，李颙也将"明体适用"思想贯穿于其中，最典型的例子莫过于他为门人所开列的"明体适用"书目。其中"明体"类依次为《象山集》《阳明集》《龙溪集》《近溪集》《慈湖集》《白沙集》《二程全书》《朱子语类大全》《吴康斋集》《薛敬轩读书录》《胡敬斋集》《罗整庵困知记》《吕泾野语录》《冯少墟集》等，并说："自象山以至慈湖之书，阐明心性，和盘倾出，熟读之可以洞斯道之源。夫然后日阅程朱诸《录》，及康斋、敬轩等《集》，以尽下学之工。收摄保任，由工夫以合本体，由现在以全源头，下学上达，内外本末，一以贯之，始成实际。"可见，李颙所列"明体"著作在于引导门人先如陆王般立乎其大，然后辅以程朱学派的"涵养工夫"，使工夫与本体贯通无阻。其开列的"适用"类依次为《大学衍义》《衍义补》《文献通考》《吕氏实政录》《衡门芹》《经世石画》《经世絜要》《武备志》《经世八编》《资治通鉴纲目大全》《大明会典》《历代名臣奏议》《律令》《农政全书》《水利全书》《泰西水法》《地理险要》等书。这些书籍涉及政治、经济、法律、军事、农政、水利、地理等方方面面。李颙要求门人"咸经济所关，宜一一潜心"。李颙所列此类书，其目的在于克服晚明以来的空疏学风，使形上的道德本体能切实地贯注下落于现实事务之中，康济时艰。

总之，李颙明体适用之学乃是对"悔过自新说"的深化与发展。如果说"悔过自新说"强调的是"明体"，尚多停留于道德实践的层面；那么"明体适用"则要求通过证悟本体，提撕道德修养，进而有效地承担治平天下、教化社会的责任。"明体"是基础，"适用"为"明体"的呈露，是外化的实践行为，这样一来，李颙所谓的"体用全学"乃成为有"体"有"用"的实学，这也是对儒家内圣外王思想的时代诠释。

五、历史影响

明清易代的百年，是中国古代史上的一个天翻地覆的大动荡时期。无论当时的学者们是以"天崩地解"，还是以"天崩地坼"来惊呼这一剧变，这一时期的学术思想无疑随之赋予了反思与嬗变的特征。身处易代之际的李颙也莫能置身于外，在其思想、学风中也存在强烈的时代学术气息，并推动了时代学术思想的发展。以下主要从思想、学风方面分析与探讨李颙的影响。

首先，摒弃儒学门户之见。在中国古代思想史中，不同时期往往存在不同的主流思想。时至北宋，儒学的发展进入了思维水平较高的新时期，出现了周敦颐、张载、程颢、程颐、邵雍为代表的"北宋五子"。到了南宋，又以朱熹和陆九渊的思想最为深刻，影响最为广泛。至明代，心学盛行，最有影响的思想家则为王守仁。由于南宋以来，张载、邵雍、周敦颐学脉不显，而朱熹以继承二程理学自居，陆九渊与王守仁均以发明本心著称，因此，人们又常把宋明时期儒家学派以"程朱""陆王"概括。程朱、陆王作为不同的儒家学派，自其产生就进行着各种形式的论辩，造成了儒家学术界深刻的门户之见。

在李颙的时代，深感亡国之痛的学者们在总结明亡教训时，往往将明中后期以来盛行的王学作为批判的标靶，认为王学带来的空疏之弊是导致亡国的重要因素。因此，学术界纷纷认为振兴儒学、补救王学之蔽的出路在复兴程朱之学，"欲正姚江之非，当真得紫阳之真"，进而形成了崇程朱黜陆王的思潮。

面对崇程朱黜陆王的学术思潮，李颙并未盲从附和，而是在长期阅读体验的基础上，提出了"道学即儒学"的主张，认为宋明理学的各派都是继承了孔孟儒学，朱熹所谓的"穷理"乃是孔门的"博文"，"居敬"乃是"约礼"，因此"尊朱即所以尊孔"。而陆九渊的"先立乎其大"，王守仁的"致良知"也不外乎是来源于孟子"求心"思想。也正是基于从程朱、陆王之说的源头上来考察与体会，李颙认为"学术之术之有程朱，有陆王，犹车之有左轮，有右轮，缺一不可，尊一辟一皆偏也。"他将程朱、陆王均视为儒家正学，认为不可偏废一边。甚至针对学术界的崇朱黜陆风气，李颙批评说："今且不必论异同于朱陆，须先论异同于自己，试反己自勘，平日起心动念，及所言所行与所读书中之言同耶，异耶？同则便是学问路上人，尊朱抑陆亦可，取陆舍朱亦可；异则尊朱抑陆亦不是，取陆舍朱亦不是。只管自己，莫管别人。"在李颙看来，不可以简单地"尊朱抑陆"，或"取陆舍朱"，而是要坚持自己的体会，"反己自勘"，以自己真实客观的认识去辨别朱陆是非。显然，李颙的这种看法，完全摒弃了儒家学者长期以来的门户之见。

也正是在调停程朱、陆王之辨，摒除门户之见的基础上，李颙以自己的体会发出了"先觉倡道，皆随时补救，正如人之患病，受症不同，故投药亦异"的感叹，并深刻揭示出程朱、陆王学说的优失之处及其后学的流弊所在，提出了"学问两相资则两相成，两相辟则两相病""吾人生当其后，当鉴偏救弊，舍短取长"的观点。虽然在李颙的时代，不乏孙奇逢、黄宗羲等学者也认识到"道非一家之私"，而主张兼取诸说的思想；但是作为关中最著名的思想家、"海内真儒"，且讲学于大江南北，其摒弃儒学门户之见也深刻影响到当时的学术界。诸如其弟子王心敬恪守师说，在与李颙讲学大江南北时弘扬师说："先师晚年谆谆折衷此学，每欲一消门户之偏私，归会孔孟之大全。"王氏此说即是承续李颙摒弃门户之见的思想。

其次，推动清初经世学风的发展。晚明以来，面对国事流弊、学风空疏等现象，一些儒家学者纷纷发掘儒学重视经世致用的传统，提倡经世实学，诸如罗钦顺提出"经世宰物"、王廷相提出"惟实学可以经世"。尤其自明万历中晚期以来，不仅出现了张居正的内阁擅权，也出现了魏忠贤的阉党乱政，而且又有辽东边事、流寇渐起、科举舞弊等大量不良现象，明王朝国势急剧衰颓。而是时形成的东林学派，不仅将批判的矛头指向空疏的王学流弊，而且也将目光投注到政治、社会的诸多现象，以天下为己任。诸如高攀龙说："学问不贵空谈，而贵实行。""君子在救民，不能救民，算不得帐。""但学者以天下为任。"顾宪成说："官辇毂，念头不在君父上；官封疆，念头不在百姓上；至于水间林下，三三两两相与讲求性命，切磨德义，念头不在世道上，即有他美，君子不齿也。"东林学派的学贵实用、注重躬行的学术实践极大地影响了晚明以来的学风。至清初，又由于反思明亡教训，经世学风更为盛行。如黄宗羲说"儒者之学，经纬天地"，王夫之主张"尽废古今虚妙之说而返之实"，顾炎武不仅主张"修己治人之实学"，而且认为"今日者拯斯人于涂炭，为万世开太平，此吾辈之任也"。

李颙生逢明清易代之际，对是时在政治、经济、文化上的各种现象有深刻体察，在《二曲集》中屡屡出现各种批判，诸如他说："若夫今日吾人通病，在于昧义命，鲜羞恶，而礼义廉耻之大闲，多荡而不可问。""所习惟于词章，所志惟在于名利。""经书重训，所以维持人心也。学校之设，所以联群会讲，切靡人心也。自教化陵夷，父兄之所督，师友之所导，当事之所鼓舞，子弟之所习尚，举不越乎词章名利，此外，茫不知学校为何设，读书为何事。呜呼，学术之晦，至是而极矣，人心陷溺之深，至今日而不忍言矣。"面对世人"昧义命"，"鲜羞恶""习惟于词章""志惟在于名利"等"教化陵夷"现象，李颙重新思考儒家学说的宗旨，提出了"吾儒之教，原以经世为宗"，"儒者之学，明体适用之学也"。基于这一认识，李颙认为，天下治乱的根本原因在于人心的正邪，而人心的正邪又由学术的明暗所决定，所以他又说："学术不明，则人心不正，故今日急务，莫先于讲明学术，以提醒天下之人心。"将"明学术，醒人心"作为匡时救弊的良药，这也是李颙终生所从事的志业。

李颙明确将"明学术，醒人心"作为自己的志业。事实上，在三十一岁之前其尚未从思想的根本处明确这一志业，仍处于表层次的留意政治、社会、文化现象，提出自己的某些见解。诸如他所撰的《帝学宏纲》《经筵僭拟》《经世蠡测》《时务急著》《十三经注疏纠谬》《廿一史纠谬》《象数蠡测》等著作均是那一时期思想的体现。但是，这些著作的撰述也反映出青少年时期的李颙受时风的影响，已经将"经世"作为为学的主要内容。在其"明体适用"思想形成后，所实践的"有体有用"的实学也不过是早年思想的发展与深化。李颙的"明体适用"说为当时的经世思想提供了一套十分圆融的理论体系。这不仅对时风产生重要的影响，也从理论上深化了儒家的经世思想。

再次，重振关学坠绪。全祖望曾赞誉李颙说："关中士子，争向先生问学。关学自横渠而后，三原、泾野、少墟，累作累替，至先生而复盛……先生起自孤根，上接关学六百年之统。"王心敬也论说："盖关中道学之传，自前明冯少墟先生后寥寥绝响，先生起自孤寒，特振宗风。"事实上，此类阐述与表彰乃是基于李颙在关学发展演变史中的重要意义。关学最初作为濂洛关闽四大理学流派之一，由北宋张载开创，但其"再传何其寥寥"，直到明季王恕、王承裕父子所开创的三原学派才得以复兴，继后吕柟、冯从吾的崛起，方使关学大振。但是，冯从吾之后，关学的发展又走向低落，至李颙倡道关中，再次复兴关学。虽然关学作为理学的重要流派，在其发展的过程中也不断地吸收程朱、陆王等各种思想；但是由于关学学者地处关中，自张载以来较之其他地域性学派存在长期一贯的重视躬行实践、重视礼教与崇尚气节的学风。李颙的思想及其学术实践也有效地彰显了这类关学学风，推动了关学的再次复兴，也扩大了关学在全国的影响。

总之，李颙上述学术努力，在其生前即为其赢得了众多的赞誉，时人屡屡以"海内真儒"、"海内三大儒"、清初"三大儒"、"为世儒宗"、"关中大儒"等论之；在身后其生平与思想也多为《关学续编》《鹤征录》《留溪外传》《儒林外传》《己未词科录》《小腆纪传》《道学渊源录》《国朝学案小识》《清史稿》等众多典籍所记载；尤其是，民国以来李颙也受到

148

学术界一些学者的关注，如梁启超《近三百年学术史》、钱穆《国学概论》、杨向奎《清儒学案》、侯外庐等主编《中国思想史》、王孺松《李颙》等著作均有所探讨。近二十年，又相继有大量研究李颙的论文与林继平《李二曲研究》、朱康有《人道真理的追寻——李二曲心性实学研究》、许鹤龄《李二曲"体用全学"之研究》等专著问世。学者们从不同的研究视角对李颙思想作出揭示，促使李颙研究走向深化与繁荣，这也必然进一步推动李颙思想在当代的影响。

附 录

年 谱

1627 年（明天启七年） 正月，李颙出生。

1635 年（崇祯八年） 始入小学。

1641 年（崇祯十四年） 李自成率军入河南，攻开封。陕西都御史汪乔年奉命督师讨伐。李颙父李可从以材官出征。

1642 年（崇祯十五年） 李可从战死。

1643 年（崇祯十六年） 李颙母子定居于邑西新庄堡。

1644 年（崇祯十七年） 拒绝父执之子入籍衙役，或做胥吏或为皂快的建议。

1645 年（清顺治二年） 借读《周易》，又读《周钟制义》。后又借读《春秋》三传、《性理大全》《伊洛渊源录》。

1646 年（顺治三年） 借读《小学》《近思录》《程子遗书》《朱子大全集》。

1647 年（顺治四年） 借读《九经郝氏解》《十三经注疏》。

1648 年（顺治五年） 借读司马光《资治通鉴》、朱熹《资治通鉴纲目》及《纪事本末》等。

1649 年（顺治六年） 借读《大学衍义》《文献通考》《通典》《通志》《廿一史》等。

1652 年（顺治九年） 阅读《道藏》，并对其中玄科三洞、四辅、三十六类，每类逐品一一寓目，核其真赝，驳其荒唐。

1653 年（顺治十年） 阅读《释藏》，辨经、论、律三藏中的谬悠之处，并研读西洋教典、外域异书等，皆究其幻妄，随说纠正。

1655 年（顺治十二年）　究心经济，谓"天地民物，本吾一体，痛痒不容不关。以学须开物成务，康济时艰。史迁谓'儒者博而寡要'，元人《进宋史表》称'议论多而成功少'，斯言切中书生通弊"。

1656 年（顺治十三年）　会见樊巇，出示《悔过自新说》一文。

1657 年（顺治十四年）　患病静摄，深有感于"默坐澄心"之说，于是一味切己自反，以心观心。久之，觉灵机天趣，流盎满前，彻首彻尾，本自光明。自是屏去一切，时时返观默识，涵养本原。间阅濂、洛、关、闽及河、会、姚、泾论学要语，聊以印心。

1658 年（顺治十五年）　租佃里人之田，欲借以聊生。值旱枯无成，备极人间穷苦，但其坚忍之操，不殊铁石。

1659 年（顺治十六年）　巡抚张自德檄督学以"熙代学宗"表其庐。

1661 年（顺治十八年）　提学王成功檄学，称李颙"超世独立，学尚实谐"，表其门曰"躬行君子"。是后，当道表闾者甚众，或曰"理学渊源"，或曰"一代龙门"，或曰"躬超萃类"。

1663 年（康熙二年）　顾炎武来访，二人订交。

1664 年（康熙三年）　李颙敛迹罕出，谢绝应酬。

1665 年（康熙四年）　李颙母病卒。

1666 年（康熙五年）　十月，太守叶承桃重建关中书院，欲延请李颙开讲。李颙谢绝。

1668 年（康熙七年）　赴同州讲学。成《东行述》。

1669 年（康熙八年）　游骊山，发明"洗心藏密"之旨。至同州讲学，张珥录其答语为《体用全学》。李士璸录其答语为《读书次第》。回到盩厔。

1670 年（康熙九年）　十月，李颙赴襄城为父招魂。次月初十，致祭招魂。祭毕欲返，适逢骆钟麟遣使来迎接，倡道江南。二十七日，至扬州、常州。常州知府骆钟麟录其讲学言论为《匡时要务》。

1671 年（康熙十年）　讲学于常州府庠明伦堂及武进邑庠明伦堂。从游者录其言为《两庠汇语》。讲学于无锡，门人徐超、张濬生录其语为《锡山语要》。后又会讲于东林书院，其语被录为《东林书院会语》；会讲于淮海宗祠，叙其答语为《梁溪应求录》；开讲于江阴与靖江明伦堂，门人录其答语为《靖江语要》。三月西返。

1673 年（康熙十二年）　陕西总督鄂善复修关中书院，肃币迎聘李颙前去讲学。鄂善会同抚军阿席熙上疏推荐李颙。

1674 年（康熙十三年）　四月，有旨复征。吏部咨督抚起送，藩司檄府行县催促启程。李颙坚决以疾相辞，被抬至西安城南兴善寺，以死自矢，督院知不可强，乃会同抚军以实病具题。部覆奉旨疾瘳起送，遂还家养疾。

1675 年（康熙十四年）　八月，李颙挈家避兵富平，居拟山堂。顾炎武来书问候。

1677 年（康熙十六年）　遥祭骆钟麟。顾炎武来访。

1678 年（康熙十七年）　顾炎武再次来访。清廷复促启程应征。兵部主政房廷祯又以"海内真儒"推荐。李颙以疾笃辞，无果。被抬至大雁塔，绝食五昼夜。总督知其不可强，不得已，又以"笃疾具覆"。

1679 年（康熙十八年）　傅山来访。西返蓝屋。

1683 年（康熙二十二年）　七月，盩厔县令张涵拟为李颙建书院，李颙力却。《垩室杂感》刊出。

1684 康熙二十三年）　旱荒，李颙家计困窘，并日而食，玩易弗辍。

1685 年（康熙二十四年）　督学许孙荃捐俸梓布李颙《四书反身录》。

1688 年（康熙二十七年）　编订《鸡山语要》。

1691 年（康熙三十年）　学使高尔公、司寇郑重捐俸刊刻《二曲集》。

1692 年（康熙三十一年）　颜元质学李颙。

1693 年（康熙三十二年）　《二曲集》刊竣，郑重、高尔公各为之序。

1697 年（康熙三十六年）　无锡倪雕梧摄邑篆来谒，李颙出示十九年前所辑《司牧宝鉴》，倪即序而梓行。

1703 年（康熙四十二年）　康熙西巡陕西，欲召见。李慎言以疾上对。康熙遂以"高年有疾，不必相强"谕令地方官吏，随赐书"操志高洁"
匾额及御制诗章，并索求李颙著述。李慎言进呈《二曲集》《四书反
身录》。撰《重修云台观朱子祠记》。

1705 年（康熙四十四年） 四月十五日，卒，享年七十九岁，葬于贞贤里
南先茔之次。

主要著作

1.《悔过自新说》。   2.《学髓》。

3.《两庠汇语》。   4.《靖江语要》。

5.《锡山语要》。   6.《传心录》。

7.《体用全学》。   8.《读书次第》。

9.《东林书院会语》。   10.《匡时要务》。

11.《关中书院会约》。   12.《盩厔答问》。

13.《富平答问》。   14.《观感录》。

15.《垩室杂感》。   16.《司牧宝鉴》。

17.《四书反身录》。

参考书目

（一）李颙著作整理

1.《二曲集》，中华书局 1996 年点校本。

2.《二曲集》，清康熙四十四年程正堂重刊本。

3.《关中李二曲先生全集》，清光绪三年信述堂重刊本。

4.《李二曲先生全集》，上海扫叶山房 1925 年石印版。

5.《二曲粹言》，清同治五年慎独精舍刻本。

6.《二曲集录要》，清嘉庆十三年涵和堂刻本。

7.《关中道脉四种书·关中三先生语要·李二曲先生语要》，道光十年

麻荫堂刊本。

(二) 李颙研究专著

1. 吴怀清:《关中三李年谱》,陕西师范大学出版社,1992 年。

2. 谢国桢:《孙夏峰李二曲学谱》,上海商务印书馆,1935 年。

3. 林继平:《李二曲研究》,陕西师范大学出版社,2006 年。

4. 王儒松:《李颙》,台湾商务印书馆,1987 年。

5. 朱康有:《人道真理的追寻——李二曲心性实学研究》,中国文联出版社,2003 年。

6. 许鹤龄:《李二曲"体用全学"之研究》,文史哲出版社,2004 年。

7. Anne D Birdwhistell:*Li Yong*(*1627 ~ 1705*)*and Epistemological Dimensions of Confucian Philosophy*,Stanford,California,Standford University Press,1996.